Barbara Nichtweiß · Lebendiger Dom

Lebendiger Dom

St. Martin zu Mainz in Geschichte und Gegenwart

herausgegeben von Barbara Nichtweiß

VERLAG PHILIPP VON ZABERN · MAINZ

Inhalt

Der Dom mitten im Leben

Das goldene Mainz hat viele Gesichter. Fastnacht und Feste sind eines, ein anderes stellt gewiß der Dom dar. Er ist nicht nur ein lebendiges Denkmal für die Mächtigkeit des Glaubens, sondern auch ein Wahrzeichen für die Stadt und die ganze Region. Wenn man von den Rheinbrücken her sich der Stadt nähert, zieht das Domgebirge die Blicke unwiderstehlich auf sich. Auch wenn man von den höher gelegenen Vororten oder gar vom Flugzeug, wenn es den Rhein-Main-Flughafen von Westen her anfliegt, auf das rote Meer von Dächern und Türmen herabschaut, so ist der stolze und erhabene, aber auch ein wenig verspielt wirkende Dom unübersehbar. Die moderne Stadtplanung hat stets Rücksicht auf ihn genommen: Bei einem Gang durch die Stadt erscheint er immer wieder in neuen Durchblicken - wie ein aus vielen Perspektiven funkelnder Edelstein.

Der Dom gehört zu Mainz, und Mainz gehört zu diesem Dom. Immer wieder gibt er eine malerische Kulisse ab für das Alltagstreiben und die Feste der lebenslustigen Mainzer rund um den Dom: der Markt und die Umzüge, Tänze und Spiele auf den Domplätzen. Fastnachtslieder wie „Do wackelt de Dom" sind ein Beleg dafür, daß der Dom nie fehlen darf. Die Mainzer lieben ihren Dom, gerade auch wenn sie ihre Zelte anderswo aufgeschlagen haben. Wenn ich sie im In- und Ausland treffe, erzählen sie zuerst von ihrer Sehnsucht nach dem heimatlichen Dom. Er ist nicht nur tief verwachsen mit der Geschichte der Stadt, sondern auch mit der Lebensgeschichte vieler Mainzer Bürger. Für nicht wenige waren die dicken romanischen Osttürme im letzten Krieg ein rettender Luftschutzbunker. Etliche haben nach der Bombardierung für einige Zeit in diesen Türmen gehaust. Viele haben den Bund fürs Leben im Dom geschlossen. Der Domchor ist vielen Jungen ein Stück unvergeßliche Heimat geworden.

Das Leben rings um den Dom schwappt beständig über in sein Inneres, das selber wiederum in dem übergroßen Reichtum der Kapellen und Krypten, Höhen und Tiefen wogt. Hinzu kommen die Menschen: Neugierige Gelegenheitsbesucher und tägliche Scharen von Touristen, Schulklassen mit Domführung, Gottesdienstbesucher, still in Andacht Versunkene, Publikum von Domkonzerten und Vorträgen.

Der Dom hat in und über allem Treiben der Menschen auch etwas Beständiges. Er trotzt der Flüchtigkeit unseres Lebens und erinnert - selbst stets eine Baustelle - an die unverrückbaren Maßstäbe unseres vergänglichen Daseins. Die vielen Martinsgestalten vom Dach bis zur Sakristei erinnern in der Öffentlichkeit des Lebens und im Innersten des Domes selbst an eine entscheidende Voraussetzung des menschlichen Miteinander: Bereitschaft zum Teilen der Lebenschancen.

Dabei ist der Dom selbst gar nicht so leicht zu entdecken, vor allem bei einem einmaligen Besuch. Die Mächtigkeit des unmittelbaren Raumeindrucks nimmt einen gefangen, kann aber die Verborgenheit des Dunkels einer romanischen Kirche nicht verdecken, sondern führt insgeheim eher zu ihm hin. Wie zur Schonung des in seiner Aufnahmefähigkeit begrenzten Besuchers ziehen sich die vielen Kapellen und Altäre, Grabdenkmale und Nischen in die Unscheinbarkeit der Seitenschiffe zurück. Sie geben so den Blick frei für das Ganze und verdecken beinahe den eigenen Reichtum.

Wenn man von außen kommt, muß man sich Zeit nehmen, um den Dom zu entdecken. Er erschließt sich nicht auf den ersten Blick. Auch als Bischof kann man nicht einfach am Tag der Weihe vom Dom „Besitz ergreifen", wie das rechtlich und liturgisch vorgesehen ist. Man muß erst von jedem Ort aus die vielfältige Liturgie im Dom kennenlernen, und auch dieses Kennenlernen allein reicht noch nicht. Man muß regelrecht in die Höhe, Tiefe und Weite des Domes hineinwachsen. Singt und spricht man laut, muß man immer wieder den gewaltigen Raum ermessen und so auch sich mit ihm messen. Im Gottesdienst mit vielen Menschen und festlichen Klängen erwacht der Dom schließlich erst so recht zu sich selbst und zu seiner wahren Bestimmung: Haus Gottes zu sein.

Was im Dom zuerst verworren und zufällig, widersprüchlich und willkürlich aussieht, fügt sich dem geduldigen Betrachter langsam zusammen. Es ist gut, im Dom durch alle Jahrhunderte zu gehen. Es ist ein wichtiges Zeichen, daß alle Generationen immer wieder an diesem Dom bauen. Sie mühen sich um das Beste aus ihrer Zeit. Allmählich merkt man: Die vielen Schichten bilden ein gewachsenes Ganzes. Spannung und Unebenheiten der vielen Jahrhunderte können und dürfen gar nicht glatt aufgehen. Der Dom spiegelt auch in seinem Inneren das Leben der Menschen. Und die Menschen lernen wiederum aus diesem liebenden Streit der vielen Spannungen für ihr eigenes Leben. Vielleicht lieben sie darum „ihren" Dom so sehr.

Schon lange haben wir einen neuen Bildband für den Mainzer Dom vermißt, ohne dabei viele verdienstvolle Darstellungen zu vergessen. Das vorliegende Dombuch ist ein Versuch, diese Lücke zu schließen. Es will helfen bei der Entdeckung des Domes mit den sichtbaren und den mehr verborgenen Schönheiten, wie zum Beispiel dem Kreuzgang und dem Dommuseum. Es will aber auch über die Bau- und Kunstgeschichte hinaus in die tausendjährige Liturgie hineinführen, wie sie auch heute mit vielen Diensten und besonders mit der reichen Musik gefeiert wird.

Ich danke den Autorinnen und Autoren, den Fotografinnen und den Fotografen, dem Grafiker und der Herausgeberin sowie der Druckerei und dem Verlag Philipp von Zabern, daß sie durch ihre oft in vielen Jahren erworbene Kenntnis dazu beigetragen haben, daß dieses Buch eine lebendige Erinnerung an Dombesuche ist und zugleich dazu dienen kann, den vielfältigen Sinn eines Gotteshauses und den mit ihm verbundenen christlichen Glauben zu entdecken.

Mainz, 23. Februar 1998, am Fest des hl. Erzbischof Willigis, des ersten Erbauers des heutigen Domes

+ Karl Lehmann

Bischof Karl Lehmann

Rolf Decot

Der Dom im Zentrum der Geschichte

Heiliger Stuhl von Mainz

„Heiliger Stuhl von Mainz, besondere Tochter der römischen Kirche" ist ein alter Ehrentitel, der auf die Rangordnung und herausragende Bedeutung des Mainzer Erzbistums und Metropolitansitzes hinweist. „Stuhl", „Cathedra", ist seit alters der Inbegriff für ein Bistum. Die Cathedra (Abb. 11) steht in der Kathedrale oder im Dom (Domus Ecclesiae = Haus der Gemeinde). Wie ein Spiegel reflektiert die Bischofskathedrale die Geschichte des gesamten Bistums. Was die Cathedra Petri für Rom bedeutet, gilt in ähnlicher Weise für alle Bischofssitze und insbesondere auch für die „besondere Tochter der römischen Kirche", nämlich das Bistum Mainz.

Im frühen Mittelalter war es nicht ungewöhnlich, daß ein Bischofssitz mit dem Wort „heilig" gekennzeichnet wurde („sancta sedes"). Damit wurde an die Heiligkeit der Gesamtkirche erinnert, die in der Ortskirche präsent ist, aber auch an die heiligen Patrone, die der Bischofskirche Schutz und Kraft verleihen sollen. Wenn dieser etwas altertümliche Titel in Mainz beibehalten wurde, während er für andere Bischofssitze verloren ging, so drückt sich hier ein besonderes Selbstbewußtsein, aber auch ein eigener Rechtsanspruch aus. So wie das Selbstbewußtsein und der Anspruch der römischen Kirche, die sich auf den Apostel Petrus beruft, in der Kurzformel „Apostolischer Stuhl" oder „Heiliger Apostolischer Stuhl" zusammengefaßt werden, so enthält die Bezeichnung „Heiliger Stuhl von Mainz" das Bewußtsein, nach Rom im Gefüge der Reichskirche eine herausragende Stellung einzunehmen. Der Anspruch, der in diesem Titel greifbar wird, fand zur ersten Jahrtausendwende Stein gewordenen Ausdruck im neuen Dom des Mainzer Erzbischofs Willigis (975-1011). Dieser Dom wurde bewußt der römischen Peterskirche, dem Vorgängerbau der heutigen Kathedrale, nachgebaut. Der Mainzer Dom ist also nicht nur ein schönes Gebäude und eine kunstgeschichtlich bedeutende Kirche, sondern die Manifestation der einstmals herausragenden Stellung der Mainzer Kirche.

Anfänge in antiker Zeit

Die Stadt Mainz geht auf eine frühe keltische Siedlung zurück und trägt den Namen der Gottheit „Mogon" oder „Mogontia". Nachdem Julius Cäsar Gallien erobert und das römische Imperium seine Herrschaft bis an den Rhein ausgedehnt hatte, errichteten die Römer bei der keltischen Siedlung nahe der Mündung des Mains in den Rhein ihr Militärlager „Castrum Moguntiacum". Mit den römischen Soldaten dürften auch bald erste Christen an den Mittelrhein gekommen sein. Wegen seiner strategisch günstigen Lage wurde Mainz Hauptstadt der Provinz Obergermanien (Germania superior, später Germania prima). Über die kirchlichen Zustände und die Zahl der Christen in Mainz in dieser frühen Zeit wissen wir nicht viel. In der altkirchlich-römischen Zeit wurden Bischofssitze in allen wichtigen Städten errichtet. Dies darf auch für Mainz angenommen werden, wenn auch die ältesten schriftlichen Bischofslisten erst aus dem 10. Jahrhundert überliefert sind. Für die römische Zeit können in Mainz namentlich vier Bischöfe als einigermaßen gesichert angeführt werden: Mar(t)inus (342), Sophronius, Aureus (451/53) und Maximus.

Als verschiedene Germanenstämme gegen die Grenzen des Römischen Reiches anzurennen begannen, wurde auch Mainz im 4. und 5. Jahrhundert mehrfach erobert und zerstört. Ob sich eine christliche Gemeinde halten konnte, wissen wir nicht. Die Reihe der Bischöfe jedenfalls war über 100 Jahre unterbrochen. Erst Mitte des 6. Jahrhunderts, schon in fränkischer Zeit, begegnet uns wieder ein Bischof in Mainz. Es ist Sidonius, der um 580 starb und als erster Mainzer Bischof quellenmäßig sicher bezeugt ist. Wahr-

11 Unter dem Schutz des hl. Martin: Bischofssitz im Westchor

scheinlich stand er vor einem Neuanfang des christlichen und kirchlichen Lebens in Mainz, denn wie Venantius Fortunatus schreibt, waren die alten Gotteshäuser - die Vetusta Templa - zerstört.

Ob Sidonius, als er sich eine neue Bischofskirche errichtete, auf den Ruinen einer römischen Kirche aufbaute, kann nur vermutet werden. Seine Kirche jedenfalls befand sich wahrscheinlich unter der heutigen Johanniskirche westlich vom Dom. Die neue Mainzer Bischofskirche erhielt - neben dem hl. Stephanus - den fränkischen „Staats-Heiligen" Martin von Tours zum Hauptpatron - ein Hinweis darauf, daß die Kontinuität zur alten Bischofskirche doch eher abgebrochen war. Die Mainzer Bischofskirche ist nach der Völkerwanderung mit ihrem Patron Martin von Anfang an Teil der fränkischen Landeskirche.

Ansehen durch Bonifatius

Die Nachfolger des Sidonius sind namentlich bekannt. Bedeutend für das Mainzer Bistum wurde vor allem Winfrid-Bonifatius (ca. 680-754), der als Vollender der Mission im fränkischen Ostreich und Reorganisator der gesamtfränkischen Kirche ab 747 seine letzten Lebensjahre als (Erz-)Bischof in Mainz verbrachte (Abb. 12). Bonifatius war eine so leuchtende und bedeutende Bischofsgestalt, daß

seine Person der Mainzer Kirche Ansehen und Einfluß verlieh. Bonifatius selbst hat noch die von ihm gegründeten Bistümer Büraburg und Erfurt für Mainz eingezogen und damit den Grundstein zum Mainzer Großbistum vom Rhein über Mittelhessen bis nach Thüringen gelegt.

Als Karl der Große um 780 daran ging, den östlichen Teil des fränkischen Reiches kirchlich neu zu ordnen und eine Metropolitanverfassung zu errichten, wählte er neben Salzburg für Bayern, Köln als der größten Stadt am Rhein sowie der alten Kaiserstadt Trier auch Mainz als Sitz eines Erzbischofs und Metropoliten. Die schon auf Bonifatius zurückgehenden Strukturen, die günstige Verkehrslage von Mainz sowie das Geschick der Mainzer Bischöfe führten dazu, daß der Metropolitanverband von Verden an der Aller bis nach Chur in den Alpen sowie Prag und Olmütz im Osten fast den gesamten mitteldeutschen Raum umfaßte. Die ostfränkischen Metropolitensitze gewannen nochmals eine höhere Bedeutung, als um 900 aus dem fränkischen Großreich die beiden Nachfolgestaaten Frankreich und Deutschland herauswuchsen.

Zweites Rom unter Willigis

Im großen Frankenreich Karls des Großen (768-814) war Mainz, verglichen mit den glänzenden Städten Galliens, eine relativ unwichtige Stadt. Als jedoch unter den Nachfolgern Karls im 9. Jahrhundert das große Reich im Vertrag von Verdun und weiteren Zusatzverträgen aufgeteilt wurde, gehörte Mainz zu den wenigen bedeutenden Orten im Ostteil des Reiches, aus dem Deutschland hervorging. Dem sächsischen Kaiserhaus, das im 10. Jahrhundert regierte, gelang es, dieses Reich zu einen und zu formen. Otto I. (936-973) erneuerte im Jahre 962 das unter Karl dem Großen wiederbegründete Römische Reich. Von seinem Selbstverständnis her war dieses Römische Reich christlich und hatte mit Papst (sacerdotium) und Kaiser (imperium) eine doppelte Spitze. Kaiser Otto stützte sich nicht nur auf die kirchliche Struktur, sondern beauftragte die Bischöfe auch mit wichtigen politischen Aufgaben im Reich. Die Bischofsstühle besetzte er mit Vertrauten. Ähnlich verfuhren seine Nachfolger: So berief Otto II. (973-983) den aus seiner sächsischen Heimat stammenden Willigis im Jahre 975 auf den erzbischöflichen Stuhl von Mainz. Willigis teilte die Vorstellung der ottonischen Kaiser von der Erneuerung des Reiches und war zugleich davon überzeugt, daß der „Heilige Stuhl von Mainz" innerhalb dieses Reiches eine besondere Stellung haben müsse. Wohl bald nach seiner Berufung begann er in Mainz mit dem Bau des gewaltigen Domes. Dieser Neubau war nicht erforderlich aufgrund

13 Zwei Willigis-Gründungen: Domblick hinüber nach St. Stephan

pastoraler oder seelsorglicher Überlegungen, sondern wurde konzipiert als eine Art Staatsdom, als architektonisches Symbol des Imperiums und der Bedeutung der Mainzer Kirche als zweitem Rom. Vieles spricht dafür, daß Willigis dem Bauplan seines Domes bewußt das Vorbild des alten St. Peter in Rom zugrundelegte.

Die Strukturen und Ämter im Reich waren noch nicht festgefügt. Der Dombau des Willigis begründet daher auch einen Anspruch für die Zukunft. Für das Jahr 965 ist erstmals die Würde des Erzkanzlers für einen Mainzer Erzbischof im Reich

12 Ehemals in der Johanniskirche, heute im Dom: Grabdenkmal für Bonifatius von 1357

bezeugt. Willigis hat diese Aufgabe mit großem Einsatz wahrgenommen und damit entscheidende Weichen für die Zukunft des Erzstifts Mainz gestellt.

Als Erzbischof von Mainz und Erzkanzler gehörte es zu den Pflichten Willigis', an den Hoftagen des Kaisers teilzunehmen, an denen die Großen zusammentrafen. Willigis hat diese und weitere Aufgaben gern und zielstrebig erfüllt, um das Ansehen der Mainzer Kirche zu stärken. Die Strukturen in dem entstehenden deutschen Reich bildeten sich allmählich aus, so daß jetzt erreichte Positionen Vorbildcharakter für die Zukunft erhalten konnten.

Bereits bald nach seiner Ernennung zum Erzbischof ließ sich Willigis von Papst Benedikt VII. (974-983) neben anderen Vorrechten vor allen übrigen Erzbischöfen und Bischöfen im Reich das Recht zuerkennen, den deutschen König zu salben und zu krönen. Damals gab es noch kein festes Wahlgremium, so daß das Krönungsrecht einen wichtigen Einfluß auf die Bestellung neuer Könige hatte. Sein vom Papst verbrieftes Recht übte Willigis gemeinsam mit Erzbischof Johannes von Ravenna an Weihnachten 983 aus, als er in Aachen den erst dreijährigen Sohn Ottos II., nämlich Otto III. (983-1002), zum König salbte und krönte. Wenige Tage zuvor war Otto II. in Italien gestorben, allerdings hatte man davon noch keine Nachricht. In der Folgezeit sicherte Willigis dem Knaben Otto III. den Thron und erlangte während dessen Minderjährigkeit großen Einfluß auf die aktive Politik. Als würdiger Rahmen politischer Entscheidungen und Handlungen erwies sich der von Willigis geplante Dom in Mainz geradezu als notwendig. Ein früher Höhepunkt war die Synode, die der aus dem Reich stammende Papst Leo IX. (1049-1054) noch im Jahr seiner Erhebung im Mainzer Dom abhielt.

Versammlungshalle des Reiches

Als der erst 22jährige Otto III. 1002 starb, stand kein eindeutiger Thronerbe für die Nachfolge bereit. Wiederum gab das Eingreifen von Willigis den Ausschlag. Er entschied sich für Heinrich von Bayern, den er nach Mainz geleitete, dort von den anwesenden Fürsten wählen ließ und anschließend im Dom krönte. Die Krönung von Heinrich II. (1002 - 1024) fand wahrscheinlich noch im Vorgängerbau statt, denn der heutige Dom wurde erst 1009 eingeweiht und brannte gleich an diesem Tag ab. Mit der Einberufung der Wahlversammlung und der Krönung in Mainz setzte Willigis wiederum Zeichen, die für die Zukunft prägend wirkten. Künftig erscheint der Mainzer Erzbischof als derjenige, der das Recht hat, die Wahlversammlung für einen neuen König anzusetzen und bei der Wahl als erster die Stimme abzugeben. In modifizierter Form blieb der Mainzer Einfluß erhalten und wurde in der Goldenen Bulle von 1356 endgültig festgelegt.

Bis zu diesem Zeitpunkt haben in Mainz insgesamt sieben Krönungsakte stattgefunden. Erzbischof Aribo krönte 1024 Konrad II. (1024-1039), Bardo 1044 Agnes von Poitou, die Gemahlin Heinrichs III. (1039-1056), Siegfried von Eppstein 1077 Rudolf von Schwaben (1077-1080), Erzbischof Friedrich von Köln krönte 1010 im Mainzer Dom Mathilde von England, die Braut Heinrichs V. (1106-1125), Bischof Aimo von Tarantaise krönte 1198 Philipp von Schwaben (1198-1208) und am 9. Dezember 1212 krönte der Mainzer Erzbischof Siegfried II. von Eppstein den bedeutendsten Stauferkaiser Friedrich II. (1212-1250) im Mainzer Dom.

Neben diesen herausragenden Krönungsakten gab es unzählige Besuche von Königen und Kaisern in Mainz. Viele kamen her, um eines der kirchlichen Hochfeste im Dom mitzufeiern. Die Kaiser betrachteten den Dom durchaus als ein Gebäude des Reiches, deshalb haben sie seinen Bau und seine Ausstattung finanziell unterstützt. Besonders intensiv bemühte sich im 11. Jahrhundert Kaiser

14 Großartige Festhalle: Nächtliche Osterfeier

Heinrich IV. (1056-1106) um die Ausschmückung und Vollendung dieses „Kaiserdoms".

Größtes Fest des Mittelalters

Als Höhepunkt des Mittelalters gilt die Zeit der Stauferkaiser Friedrich I. (1152-1190) und Friedrich II. (1212-1250). Friedrich I. Barbarossa feierte in den 80er Jahren des 12. Jahrhunderts zwei Hoftage in Mainz, die zu den bedeutendsten des gesamten Mittelalters gehörten. Die Stadt Mainz konnte die Menge der Gäste nicht fassen - vor allem auch deshalb, weil Kaiser Friedrich im Jahre 1163 die Mauern der Stadt Mainz hatte niederreißen lassen. Dies war eine Strafe für die Ermordung des Mainzer Erzbischofs Arnold von Selenhofen durch aufständische Mainzer Bürger im Juni 1160. Der Aufruhr hatte seine Ursache in den Steuern, die Arnold den Mainzer Bürgern auferlegt hatte, um den Italienzug Kaiser Friedrichs zu finanzieren.

Als Friedrich Barbarossa 1184 in die Stadt Mainz einlud, um hier die Schwertleite seiner Söhne Heinrich und Konrad zu feiern, war zwar die Stadt noch zerstört, aber die Vorgänge um Arnold gehörten schon zur Vergangenheit. Zum Empfang seiner Gäste hatte der Kaiser auf der Maaraue eine Zeltstadt für 30-40.000 Personen errichten lassen. Das Fest fand an Pfingsten 1184 statt. Die feierlichen Gottesdienste konnten nicht im Mainzer Dom gehalten werden, denn das Gebäude hätte die Masse der Gäste nicht fassen können. Deshalb war auf der Maaraue eigens eine große Zeltkirche errichtet worden. Am Pfingstdienstag warfen heftige Windböen diese prächtige hölzerne Kirche um, und die Trümmer erschlugen etliche Menschen. Während der Festtage wurde natürlich auch der Mainzer Dom besucht. Die Dichter aus ganz Europa rühmten später das Ereignis von Mainz, und es ist als größtes Fest des Mittelalters in die Geschichte eingegangen.

Aufbruch zum Kreuzzug

Nur vier Jahre später sah Mainz erneut ein großes Ereignis. Auf dem sogenannten Hoftag Jesu Christi im März 1188 entschloß sich Friedrich Barbarossa zum Kreuzzug. Während das Fest der Schwertleite stark weltlichen Charakter hatte, standen nun Gedanken der Frömmigkeit und des christlichen Glaubens im Mittelpunkt. Viele Ritter und der Kaiser selbst „nahmen das Kreuz" in Mainz und legten damit ein persönliches Bekenntnis zu Gott ab. Damals entstand das Bild des edlen Ritters, der sich für die Sache Christi einsetzt. Kaiser Barbarossa erscheint als der allerchristlichste Herrscher und der Verteidiger der Kirche. Der Kreuzzug jedoch, den er unternahm, endete für ihn am 10. Juni 1190 mit einem unkriegerischen Tod durch Ertrinken im kleinasiatischen Fluß Saleph.

Dieser dritte Kreuzzug stand noch durch ein weiteres Ereignis mit Mainz in Beziehung. Der englische König Richard Löwenherz war auf der Heimkehr vom Kreuzzug 1193 vom österreichischen Herzog Leopold von Österreich gefangengenommen worden, weil er diesen während der Eroberung Akkos beleidigt hatte. Nach über einjähriger Gefangenschaft wurde Richard Löwenherz auf einem Fürstentag im Februar 1194 in Mainz gegen die Zahlung eines hohen Lösegeldes von Kaiser Heinrich VI. freigelassen. Dieser bekam dadurch die finanziellen Mittel in die Hand, um das Normannenreich Sizilien zu erobern, dessen Erbin seine Frau Constance war. Dort wurde dann Friedrich II. geboren, der bedeutende hohenstaufische Kaiser, der den Höhepunkt, zugleich auch den Wendepunkt der mittelalterlichen Kaisergeschichte darstellt.

Hoftag mit Kamelen und Leoparden

Friedrich II. hielt im August 1235 den letzten glänzenden Hoftag in Mainz ab. Zuvor hatte er den Aufstand seines Sohnes Heinrich überwunden. Am 22. August, der

Oktav von Mariä Himmelfahrt, erschien Friedrich II. im Mainzer Dom, angetan mit kaiserlichen Gewändern und der Kaiserkrone, die er dreiundzwanzig Jahre zuvor bei seiner Krönung ebenfalls im Dom empfangen hatte (vgl. S. 93). Nach der Messe fand wahrscheinlich im „Paradies", dem Vorhof des Mainzer Domes, ein großes Fest statt. Friedrich führte Kamele, Saumtiere und wilde Tiere wie Affen und Leoparden mit sich. Zu seiner Bedienung gehörten Sarazenen und Äthiopier. Die Zahl der eingeladenen und anwesenden Bischöfe, Fürsten und Grafen war unübersehbar. Ein bleibendes Ergebnis dieses glänzenden Hoftages war der Reichslandfriede bzw. der „Mainzer Landfriede" von 1235, der erstmals in einer Urkunde deutscher Sprache versuchte, mit rechtlichen Mitteln einen dauernden Frieden zu schaffen.

Anspruch auf die Königskrönung

Die Folgezeit brachte kein derart bedeutendes Ereignis mehr nach Mainz in den Schatten des Domes, wenn auch alle Kaiser der folgenden Jahrhunderte die Stadt besucht haben. Die Zeit der wechselnden Kaiserhäuser nach Beendigung

15 *Gestus der Königskrönung: Erzbischof Siegfried III. von Eppstein († 1249)*

der Stauferherrschaft verfestigte andererseits die reichspolitische Stellung des Mainzer Erzbischofs als wichtigsten Königswähler.

Dieser Anspruch findet sich im Dom auf zwei Grabdenkmälern Mainzer Bischöfe: Auf dem einen ist Siegfried III. von Eppstein, der am 9. März 1249 starb, in voller Lebensgröße dargestellt (Abb. 15). Zu seiner Rechten und zu seiner Linken setzt er je einer kleineren Figur die Krone auf. Hierbei handelt es sich um Heinrich Raspe, Landgraf von Thüringen, und Wilhelm von Holland. Beide waren unter Führung des Mainzer Erzbischofs als Gegenkönige gegen den vom Papst gebannten Friedrich II. installiert worden. Nun weiß man, daß Siegfried die Krönung Wilhelms mit Sicherheit nicht selbst durchgeführt hat. Stellt der Stein einen Anspruch auf das alte Königskrönungsrecht des Mainzer Erzbischofs dar oder handelt es sich bei dem Anfassen der Krone um einen symbolischen Akt, der die ausschlaggebende Bedeutung des Mainzer Erzbischofs bei der Königserhebung kennzeichnet?

Vergleichbare Vorstellungen finden sich auf dem Grabstein des Erzbischofs Peter von Aspelt (1306-1320): Auf seinem Denkmal faßt er mit der Rechten die Krone des Böhmenkönigs Johann von Luxemburg, mit der Linken die des Königs Ludwig IV., des Bayern. Außerdem ist noch König Heinrich VII. abgebildet (Abb. 51). Die beiden ersteren hat Peter von Aspelt tatsächlich selbst gekrönt. Vor allem will dieses Grabmal aber wiederum wohl eher den Anspruch und das Recht der Mainzer Kirche dokumentieren, als historische Tatsachen darstellen.

Goldene Bulle

Die über Jahrhunderte hin ausgeübten Funktionen des Mainzer Bischofs sowie die bildliche und symbolische Darstellung seiner Rechte fanden ihre Kodifizierung in der Goldenen Bulle Kaiser Karls IV. im Jahre 1356. Sie schuf kein neues Recht, sondern schrieb im Grunde die bestehenden und gewachsenen Rechtsverhältnisse fest. Mit ihr lag nun aber erstmals ein klar formuliertes Reichsgesetz vor, so daß man hierin einen Wendepunkt der Reichsverfassungsgeschichte sehen kann. Die hier festgelegte Ordnung blieb bis 1806 in Kraft. Die territoriale Machtstellung von Mainz hatte ihren Höhepunkt bereits überschritten. Insofern bedeutete die Goldene Bulle für das Erzstift Mainz eine langfristige, verfassungsmäßig starke Verankerung in der Struktur des Reiches. Die Goldene Bulle legte als Königswähler die sieben Kurfürsten fest, nämlich die drei geistlichen Erzbischöfe von Mainz, Trier und Köln sowie die weltlichen Kurfürsten von Böhmen, der Pfalz, von Sachsen und Brandenburg. Der Mainzer Kurfürst erhielt die Aufgabe, die Neuwahl eines Königs formgemäß und fristgerecht nach Frankfurt einzuberufen. Er leitete auch die Wahl und holte die Stimmen der Kurfürsten ein. Er selbst gab nun als letzter seine Stimme ab. Da das Mehrheitsprinzip galt, kam ihm bei Stimmengleichheit die Entscheidung zu.

Die kaiserlichen Hoftage wurden im 15. Jahrhundert allmählich abgelöst von Reichstagen, auf denen die Stände vertreten waren, um gemeinsam mit dem Kaiser das Reich zu repräsentieren und seine Probleme zu beraten. Einige Reichstage fanden in Mainz statt, der letzte 1517 in den Kapitelsräumen am Domkreuzgang. Als Tagungsorte kristallisierten sich in der Folge vor allem die bedeutenden Reichsstädte heraus.

Sitz und Ruhestätte der Mainzer Erzbischöfe

Neben seinen öffentlichen Funktionen für das mittelalterliche Reich hatte der Dom vor allem seine Bedeutung als Ort der Kathedra des Mainzer Bischofs, als Mittelpunkt der Diözese Mainz und des Mainzer Metropolitanverbandes. Auch äußerlich sichtbar stellt der Dom die

16 Umrahmt von altem Rittertum: Erzbischof Matthias von Bucheck († 1328)

17 *Zeitübergreifende Gemeinschaft: Osternacht zu Füßen Erzbischofs Diether von Isenburg († 1482)*

Kontinuität der Mainzer Kirche dar. Er wurde zur Begräbnis- und Gedenkstätte ihrer Bischöfe.

Die Bischöfe vor Bonifatius wurden im Heiligen Tal (Zahlbachtal) in einer später dem hl. Hilarius geweihten, heute nicht mehr erhaltenen Kirche beigesetzt. Nachdem um 800 Benediktinerkloster und Kirche St. Alban errichtet worden waren, diente die Klosterkirche als Grablege der meisten Mainzer Erzbischöfe. Hier wurde auch die 794 verstorbene Gattin Karls des Großen, Fastrada, bestattet. Nach der Zerstörung von St. Alban 1552 kam ihre marmorne Grabplatte - es handelt sich freilich um eine Nachbildung, die um 1500 entstanden sein dürfte - in den Dom, wo sie heute an der Wand des südlichen Seitenschiffs neben dem Eingang zur Memorie an „Karls fromme Gemahlin" (PIA CAROLI CONIUNX) erinnert.

Mit der Errichtung des Willigis-Domes verlor St. Alban seine Funktion als Grablege der Mainzer Erzbischöfe. Willigis selbst wurde 1011 allerdings in der von ihm errichteten St. Stephanskirche (Abb. 13) beigesetzt, weil der Dom bei seiner Weihe 1009 abgebrannt und noch nicht wieder benutzbar war. Mit Aribo wurde im Jahre 1031 dann der erste Bischof im Mainzer Dom bestattet. Über 40 weitere Bischofsgräber sind im Dom bekannt.

In einer feierlichen Inthronisation nahmen die Bischöfe von ihrem Dom und dem gesamten Bistum Besitz. An hohen Festtagen und bei besonderen Gelegenheiten hielten sie die Liturgie, und in der Neuzeit predigten sie auch. Für gewöhnlich besuchte der Bischof den Gottesdienst in seiner Palastkapelle. Von dem alten Bischofspalast an der Nordseite des Domes hat sich nur noch diese Palastkapelle St. Gotthard erhalten, die von Erzbischof Adalbert I. von Saarbrücken errichtet wurde und in der er 1137 seine Ruhestätte fand (Abb. 36, 37).

Diether von Isenburg baute ab 1480 mit der Martinsburg einen neuen großen Bischofspalast am nördlichen Rand von Mainz. Nach der Zerstörung dieser Burg 1552 entstand hier später das kurfürstliche Schloß. Oft wohnten die Bischöfe auch außerhalb der Bischofsstadt. In früher Zeit nahmen sie ihren Wohnsitz gern in der Martinsburg von Eltville. Seit dem 17. Jahrhundert war das Aschaffenburger Schloß ihr bevorzugter Wohnsitz.

Domkapitel zwischen Macht und Müßigkeit

Während der Bischof oft abwesend war, diente der Dom mit seinen Nebenräumen dem Domkapitel als ständiger Versammlungsort für liturgische Feiern und Beratungen. Die Domkapitel sind eine Weiterentwicklung der frühchristlichen Presbyterien, also der um ihren Bischof gescharten Stadtgeistlichen. In der Zeit der Karolinger führte man feste Regeln (canones) für das gemeinsame Leben der Kanoniker ein. Ähnlich wie die Benediktinermönche sollten die an der bischöflichen Kathedralkirche tätigen Geistlichen mit ihrem Bischof Vermögen, Wohnung, Tisch und Schlafsaal teilen und sich täglich zum Gebet versammeln. Diese „vita communis" lockerte sich im 10. Jahrhundert. Die Domherren wohnten nun in eigenen Häusern (curiae), und das Bischofs- und Kapitelsgut wurde getrennt. Schließlich erlangte das Gremium des Domkapitels Selbständigkeit mit eigenen Einkünften. Sie waren so hoch, daß jeder Domkapitular auf Lebenszeit ein gutes Auskommen hatte. Seit dem 13. Jahrhundert war das Kapitel in Mainz auf 24 Domkapitulare beschränkt, hinzu

18 Heute pflichtbewußt: Das Domkapitel bei der Fronleichnamsprozession

kamen ebensoviel Domicellare bzw. Jungherren, die auf das Freiwerden einer Stelle im Domkapitel warteten.

Wichtigste Aufgabe des Domkapitels wurde die Wahl des neuen Erzbischofs. Dieses Recht mußte im Laufe der Zeit erstritten werden. Im frühen Mittelalter schlug der König bzw. Kaiser die neuen Erzbischöfe vor. Nach dem Investiturstreit (Mitte des 11. Jahrhunderts -1122) versuchten die Päpste, Einfluß auf die Bischofserhebung zu gewinnen. Schließlich konnte sich das Domkapitel als Wahlgremium im wesentlichen durchsetzen, wenn es auch seine Ansprüche immer wieder gegen Übergriffe der Kaiser oder Päpste oder sonstiger großer Herren verteidigen mußte. Der Versuch des Domkapitels, auf die Regierung des Erzstiftes selbst entscheidenden Einfluß zu gewinnen, mißlang jedoch. Allerdings war jeder neugewählte Bischof gehalten, eine Wahlkapitulation zu akzeptieren, in der das Kapitel sich bestimmte Rechte vorbehielt. Während der Sedisvakanz übernahm das Domkapitel die weltliche Verwaltung des Erzstiftes.

Wer Domherr werden wollte, mußte mindestens vier, später sogar 16 adelige Vorfahren nachweisen. Es waren vor allem die Rittergeschlechter aus der Wetterau und dem Mittelrheingebiet, die im Domkapitel eine beherrschende Stellung innehatten und über die Wahl eines Erzbischofs aus ihren Reihen Einfluß auf die Reichspolitik erringen konnten. Wenn eine Pfründe frei wurde, wurde normalerweise ein Domicellar für das Kapitel zugelassen. Er erwarb das Recht auf eine Präbende, das heißt einen bestimmten Anteil an den Naturaleinkünften des Kapitels als Lebensunterhalt. Im Chorraum des Domes erhielt er einen festen Platz (stallum in choro) zur Wahrnehmung der gottesdienstlichen Verpflichtungen (Abb. 32, 69). Hierin waren die Domherren allerdings sehr nachlässig. Immer wieder mußten sie angehalten werden, den Gottesdienst zu besuchen und dort nicht zu stören, indem sie sich unterhielten oder im Dom spazierengingen. Ihre Pflichten wälzten sie auf Vikare ab.

Als Gremium tagte das Kapitel meist zu Beginn eines jeden Monats und bei Bedarf. Viermal im Jahr fanden Generalkapitel statt. Hier wurden Fragen des Gottesdienstes und des täglichen Lebens der Domherren, die Neubesetzung von Kapitelsstellen und wichtige vermögensrechtliche und verwaltungstechnische Fragen erörtert. Seit 1450 wurden die Beratungsergebnisse des Domkapitels in den Domkapitelsprotokollen aufgezeichnet. Sie stellen eine wichtige Quelle für die Geschichte des Erzstiftes Mainz und des Domes dar.

Innerhalb des Domkapitels nahmen fünf Dignitäten eine besondere Stellung ein, nämlich der Propst, der Dekan, der Kustos, der Kantor und der Scholaster. Die wachsende Bedeutung des Domkapitels zeigt sich darin, daß die höheren Würdenträger oft im Inneren des Domes beigesetzt wurden. Als im 13. und 14. Jahrhundert die gotischen Seitenkapellen auf der Nord- und Südseite des Domschiffes angebaut wurden, spendeten viele Domherren bzw. ihre Familien dort Altäre. Hieraus leiteten sie das Recht ab, den Platz vor dem Altar künftig als Begräbnisstätte für sich und vielleicht auch für ihre Familien zu benutzen. Viele Domherren wurden auch in der Memorie des Domes und der Nikolauskapelle sowie im Kreuzgang beigesetzt. Seit dem 15. Jahrhundert entwickelten sich auch besondere Domherrengrabsteine, ähnlich wie dies bei den Erzbischöfen der Fall war. Bedeutende Denkmäler dieser Art im Mainzer Dom wurden errichtet für Johann von Hattstein († 1518, im Kreuzgang), für Johann Bernhard von Gablentz († 1592) und seine Familie sowie für den Dompropst Gerhard von Schönenburg († 1595). Das größte Monument im Dom überhaupt ließ sich 1706, noch zu Lebzeiten, der Dompropst Heinrich Ferdinand von der Leyen († 1714) an der Ostwand des südlichen Querhauses aufbauen (Abb. 58).

Der Gottesdienst der Domkapitulare fand gewöhnlich im Westchor statt. An bestimmten Feiertagen gab es allerdings

auch Stationsgottesdienste an anderen Altären des Domes. Im Dom wurden täglich viele Messen gefeiert, in der Mehrzahl als gestiftete Seelgedächtnisse. Für ihre ordnungsgemäße Durchführung waren die Vikare im Dom zuständig. Viele Domherren waren keine geweihten Priester, und deshalb mußten Vikare die Aufgabe übernehmen, die gestifteten Messen zu lesen. Die Anzahl der Vikare schwankte leicht. Im Jahre 1537 gab es 42 Altäre mit 48 Benefizien. Für jedes Benefizium gab es einen Vikar. Von besonderer Bedeutung war das Benefizium des Kreuzaltares im sogenannten Eisenchor. So bezeichnete man den Ostchor, der vom Kirchenschiff mit einem Eisengitter abgetrennt war. Davor befand sich der Kreuzaltar, an dem die Gottesdienste der Dompfarrei zelebriert wurden.

Kanzelworte im Zeichen der Reformation

Durch die Reformation Martin Luthers im 16. Jahrhundert kam es zu erheblichen Veränderungen der religiösen und kirchlichen Situation im Reich. Durch Erzbischof Albrecht von Brandenburg (1514-1545, Abb. 19), an den Martin Luther am

19 Ambivalente Erinnerung: Grabplatte und Denkmal Kardinals Albrecht von Brandenburg († 1545)

31. Oktober 1517 seine 95 Ablaßthesen schickte, war Mainz unmittelbar mit dem Anfang der Reformation verbunden. Die Gedanken einer biblischen Erneuerung des religiösen und kirchlichen Lebens fielen auch in Mainz auf fruchtbaren Boden. Für die Verkündigung im Mainzer Dom waren die Dompfarrer zuständig, die an Sonn- und Festtagen die Frühpredigt zu halten hatten. Daneben gab es Domprediger, die eine ausführliche Mittagspredigt hielten. Diese Predigt wurde zumeist von der Pfarrkanzel schräg gegenüber der noch heute erhaltenen Bischofskanzel (Abb. 33) gehalten.

Wohl auf Vermittlung des humanistisch gesinnten Kurfürsten Albrecht und seiner humanistischen Berater waren von 1520-1524 nacheinander zwei Theologen aus dem Umfeld des Erasmus von Rotterdam von Basel als Domprediger nach Mainz gekommen. Zunächst Wolfgang Capito von 1520-1521, der danach bis 1523 Rat beim Erzbischof wurde. Als Domprediger folgte ihm sein Freund Kaspar Hedio von 1521-1524. Beide gehörten später zu herausragenden Anhängern der Reformation. Nach ihrem Weggang aus Mainz waren sie maßgeblich bei der Durchsetzung der Reformation in Straßburg tätig. In ihren Mainzer Dompredigten haben sie wohl keine ausdrücklich lutherischen Lehren vorgetragen, wohl aber ihre Predigt stark an der Bibel orientiert, was damals nicht allgemein üblich war. Während der gleichen Zeit war Johann Stumpf (genannt Eberbach) von 1515-1533 Dompfarrer in Mainz. Er war mit Wolfgang Capito und Kaspar Hedio befreundet, ebenso mit dem Baseler Reformator Oecolampadius. Er galt auch außerhalb von Mainz wegen seiner Predigten als Anhänger der Reformation. Nach dem Bauernkrieg von 1525 scheint er jedoch sehr vorsichtig gewesen zu sein.

Die evangelische Bewegung in der Stadt Mainz selbst hat sich wohl auf diese bibelnahe Predigt beschränkt. Hiermit wurde ein Vorbild gegeben, das andere Domprediger und Dompfarrer des 16. Jahrhunderts fortsetzten, so die Domprediger Friedrich Nausea (1526-1534), später kaiserlicher Rat und Bischof von Wien, Johannes Wild (1539-1554) aus dem Franziskanerorden oder der Dompfarrer und spätere Weihbischof Michael Helding, der dann Bischof von Merseburg wurde. Sie versuchten durch eine biblisch orientierte innerkatholische Reform den berechtigten Angriffen der Reformation den Wind aus den Segeln zu nehmen. In seinen Frühpredigten behandelte Michael Helding in den Jahren 1542-1544 „die vornehmsten Stücke unseres heiligen Christenglaubens", nämlich das Apostolische Glaubensbekenntnis, das Vaterunser, den Engel des Herrn, die Zehn Gebote und die Sieben Sakramente. Diese Predigten wurden nach der Provinzialsynode von 1549 als „Katechismus" gedruckt. Ebenso ließ Kurfürst Sebastian von Heusenstamm 1555 die umfangreiche Postille des Dompredigers Johannes Wild als Vorlage für alle Prediger im Erzstift Mainz herausgeben. Ab 1572 waren es die Jesuiten, die sich von der Domkanzel herab um eine Erneuerung des katholischen Glaubens bemühten.

Wirksame Erneuerung

Die vorsichtigen Erneuerungsbemühungen der Mainzer „Vermittlungstheologen" sowie die politische Weitsicht des Kurfürsten Sebastian von Heusenstamm führten zum Augsburger Religionsfrieden von 1555 und damit zur Sicherung der katholisch gebliebenen Teile des Reiches. Das Erzbistum Mainz hatte allerdings einen großen Teil seiner Jurisdiktion verloren, vor allem in den hessischen und sächsischen Teilen des Sprengels. In der zweiten Hälfte des 16. Jahrhunderts begann eine zunächst zögerliche, dann aber wirksame Erneuerung des katholischen Lebens, zunächst im kurmainzischen Eichsfeld, dann in den übrigen Teilen des Stiftes. Als die Schweden während des Dreißigjährigen Krieges von 1631-1634 eine eigenständige Herrschaft in Mainz errichteten und den protestanti-

20 Verflossene Macht und Pracht: Grabdenkmal Kurfürsts Daniel Brendel von Homburg († 1582)

schen Gottesdienst zuließen und förderten, verweigerten sich die Mainzer Bürger.

Kurfürsten am Puls der Reichspolitik

Die Mainzer Bischöfe hatten höchste Reichsämter inne. Sie lassen sich nicht unmittelbar am Mainzer Dom festmachen, verweisen aber auf wichtige Funktionen des Erzstiftes Mainz und seiner Erzbischöfe bzw. Kurfürsten in der Verfassungswirklichkeit des Reiches während der frühen Neuzeit. Seit dem Spätmittelalter strebten die Landesherren der großen Territorien und auch die bedeutenden geistlichen Fürsten nach einer stärkeren politischen Mitwirkung im Reich. In diesem Zusammenhang gelang es vor allem dem bedeutenden Mainzer Erzbischof Berthold von Henneberg (1484-1504), das alte Ehrenamt eines Erzkanzlers mit neuem Inhalt zu füllen. Er nahm selbst die Führung der Reichskanzlei in seine Hand und erlangte vorübergehend großen Einfluß auf die Führung der Reichsgeschäfte. Seinem späteren Nachfolger Albrecht von Brandenburg gelang es darüber hinaus, bei Abwesenheit des Erzkanzlers vom kaiserlichen Hof einen Reichsvizekanzler zu bestellen, der grundsätzlich ihm verantwortlich war. Dadurch gewann der Kurfürst von Mainz zumindest formal Einfluß auf die Reichspolitik am Kaiserhof.

Im Zuge der Reichsreformbemühungen entwickelten sich die kaiserlichen Hoftage zu Reichstagen, auf denen die Stände und der Kaiser miteinander über die Probleme des Reiches verhandelten. Der Reichstag setzte sich im Laufe der Zeit aus drei Kurien zusammen. Entscheidend war die Kurie der sechs Kurfürsten (der böhmische Kurfürst war an der Kurfürstenkurie des Reichstages nicht beteiligt). Daneben gab es die Fürstenkurie und die immer einflußloser werdende Städtekurie. Dem Mainzer Kurfürsten gelang es im Laufe der Zeit, das Reichstagsdirektorium zu erlangen. Er leitete den Reichstag und die entscheidende Kurfürstenkurie. Alle Akten des Reiches wurden von Mainzer Sekretären bearbeitet und im Mainzer Reichsarchiv verwahrt. Nach dem Dreißigjährigen Krieg erschien der Mainzer Kurfürst geradezu als der Sprecher der Reichsstände und der eigentliche Verhandlungspartner des Kaisers. Trotz seines kleinen Territoriums und geringer politischer Machtmittel verschaffte dieses Reichstagsdirektorium, wie man die verschiedenen Funktionen zusammenfassend

Domstraße

bezeichnete, dem Kurfürsten von Mainz hohes Ansehen und bedeutenden Einfluß in der Reichspolitik. Nominell galt dies bis zum Untergang des Alten Reiches 1806, jedoch zeichneten sich in der zweiten Hälfte des 18. Jahrhunderts bereits Veränderungen ab.

Flammen der Französischen Revolution

Die Französische Revolution wirkte sich auf alle politischen und territorialen Zustände in Europa aus. 1792 besetzten französische Revolutionstruppen kampflos die Stadt Mainz. Der Kurfürst, seine Hofleute und zahlreiche hohe Geistliche waren nach Aschaffenburg geflüchtet. Im Frühjahr 1793 wurde die „Mainzer Republik" ausgerufen.

Kaiser und Reich setzten unter militärischer Führung Preußens alles in Bewegung, um Mainz zurückzuerobern. Dies gelang im Juli 1793 um einen hohen Preis: Große Teile der Stadt wurden zerstört, der Mainzer Dom brannte aus. Die Rückkehr der erzbischöflichen Regierung nach Mainz war auch nur von kurzer Dauer. Im Friedensvertrag von Campo Formio erhielt Frankreich 1797 das gesamte linksrheinische Gebiet des Reiches zugesprochen. Mainz wurde Hauptstadt des neugeschaffenen französischen Departements Mont Tonnerre (Donnersberg). Im Zuge der Neuordnung der französischen Bistümer unter Kaiser Napoleon, in der jeweils ein Bistum für ein Departement zuständig sein sollte, wurde Mainz Sitz des Bischofs für das Departement Donnersberg, das von Mainz bis zur pfälzisch-elsässischen Grenze reichte. Dieses Bistum hatte einen völlig neuen Zuschnitt und war nicht mehr identisch mit dem alten Erzbistum Mainz.

Rettung in letzter Stunde

Nach einigen Wirren konnte der zerstörte Mainzer Dom als Sitz des Bischofs gerettet werden. Dem Elsässer Joseph Ludwig Colmar, den Napoleon zum ersten Bischof des neuumschriebenen Bistums ernannt hatte (1802-1818), gebührt das Verdienst, den Dom gerettet und seinen späteren Wiederaufbau vorbereitet zu haben. Die Adelskirche jedoch hatte sich überlebt und war in Mainz an ihr Ende gekommen. Der zerstörte Mainzer Dom erscheint geradezu als Symbol und Sinnbild des zerstörten und untergegangenen Heiligen Stuhls von Mainz nach rund 1000 Jahren.

Allerdings hatte der Heilige Stuhl von Mainz innerhalb des Reiches ein solches Ansehen, daß man ihn nicht sang- und klanglos untergehen lassen wollte. Während im Reichsdeputationshauptschluß von 1803 alle geistlichen Territorien im Reich aufgelöst wurden, blieb der Heilige Stuhl von Mainz als einziger bestehen. Er wurde auf die Domkirche zu Regensburg übertragen. Der letzte Mainzer Kurfürst Karl Theodor von Dalberg wurde zum Fürstprimas ernannt und residierte bis zu seinem Tode 1817 in Regensburg.

Kontinuität in Gestalt des Domes

Die Zeit der napoleonischen Herrschaft in Mainz blieb nur Episode. Der Wiener Kongreß von 1815 ordnete Europa neu. Die geistlichen Staaten des Alten Reiches wurden nicht wiederhergestellt. Die Stadt Mainz kam mit weiteren Teilen des ehemaligen Erzstiftes als „Rheinhessen" an das neugebildete Großherzogtum Hessen-Darmstadt. Ähnlich wie schon zu Zeiten Napoleons ordnete man nun die kirchlichen Diözesangrenzen nach den vorgegebenen Ländergrenzen. Mainz wurde das Landesbistum des Großherzogtums. Mit ganz geringfügigen Abweichungen umschreibt auch das heutige Bistum Mainz noch die Grenzen des ehemaligen Hessen-Darmstadt. Die endgültige Umschreibung des neuen Bistums sowie die Zuordnung zur Oberrheinischen Kirchenprovinz mit dem Erzbistum Freiburg fand ihren Abschluß durch die Bulle „Ad dominici gregis custodiam" vom 11. April 1827.

21 Vision der Vergangenheit: Filmaufnahmen vor dem Liebfrauenportal

Volksnahe Kirche

Die alte Herrlichkeit des Heiligen Stuhls von Mainz war dahin. Allerdings eröffneten sich auch neue Chancen. Anstelle von Adelsbischöfen kamen nun bürgerliche Bischöfe auf den Bischofsstuhl von Mainz. Nicht mehr die hohe Politik bestimmte ihr Denken, sondern die konkreten menschlichen und religiösen Nöte des Volkes. Der Bischof wurde, was er sein sollte: Seelsorger der ihm anvertrauten Gläubigen. So wie allmählich der Dom wiederaufgebaut und neugestaltet wurde, so wuchs auch eine neue, dem Volk nähere Kirche von Mainz heran.

Parallel dazu erstand der Mainzer Dom neu. Nach verschiedenen grundlegenden Erneuerungsarbeiten in den 20er und 70er Jahren des 19. Jahrhunderts an Dachstuhl und Ostwerk sowie nach der Neufundamentierung und den Renovierungsarbeiten im 20. Jahrhundert präsentiert er sich heute in einer Vollendung und Geschlossenheit, wie man ihn wohl selten erlebt hat.

22 *Scharfblick für die Not der Zeit: Bischof Wilhelm Emmanuel von Ketteler († 1877) auf dem Flügel des Marienaltars*

Soziale Aufgeschlossenheit

Zu den größten Erneuerern der Mainzer Kirche und zu den Gestalten, die sich am nachhaltigsten eingeprägt haben, gehört Bischof Wilhelm Emmanuel von Ketteler (1850-1877). Bereits unter seinem Vorgänger Bischof Petrus Leopold Kaiser hatten sich nach der Märzrevolution von 1848 „Piusvereine" gegründet, die im Oktober des gleichen Jahres zu ihrer ersten Zentralversammlung nach Mainz zusammenkamen und sich als „Katholischer Verein Deutschlands" formierten. Diese erste Generalversammlung vom 3. bis 6. Oktober 1848 gilt als der erste Katholikentag. Zu den bedeutenden Rednern gehörte auch Wilhelm von Ketteler (Abb. 22). Aufgrund seines packenden Referates über die soziale Frage als Kernproblem des Jahrhunderts lud ihn der damalige Dompfarrer ein, die gleiche Thematik 1848 in Adventspredigten im Mainzer Dom zu behandeln.

Als Bischof von Mainz hat sich von Ketteler weiterhin der sozialen Problematik angenommen und damit große Autorität in ganz Deutschland erworben. Während der 21. Generalversammlung der Katholiken Deutschlands in Mainz im Juli 1871 kam es als Entgegnung auf die repressiven Maßnahmen des Kulturkampfs zur Gründung des „Vereins der deutschen Katholiken", der für die Freiheit der Kirche und gegen jede Willkür des Staates eintreten wollte. Weitere Katholikentage in Mainz fanden 1851, 1892, 1911, 1948 und zum 150jährigen Jubiläum 1998 statt. Das Bistum und seine Bischöfe waren und sind bemüht, ein offenes Ohr für die sozialen Fragen der Menschen zu haben.

Neue Ausstrahlung

Die letzten Bischöfe von Mainz haben dem heute mittelgroßen Bistum durch ihre Persönlichkeit wieder eine Ausstrahlung gegeben, die weit über die Bistumsgrenzen hinausreicht: Hermann Volk zum Beispiel, Mainzer Bischof von 1962 bis 1982, hatte großen Anteil am erfolgreichen Abschluß des Zweiten Vatikanischen Konzils und der Durchführung seiner Beschlüsse. Seine Bedeutung für die Weltkirche wurde von Papst Paul VI. (1963-1978) am 5. März 1973 durch seine Ernennung zum Kardinal anerkannt. Karl Lehmann, Bischof seit 1983, ist seit 1987 Vorsitzender der Deutschen Bischofskonferenz und damit Repräsentant und Sprecher der katholischen Kirche in Deutschland.

Der Mainzer Dom, ursprünglich ein Symbol politischer und geistlicher Macht in einer christlich strukturierten Welt, hat sich in den letzten 200 Jahren zum lebendigen kirchlichen Mittelpunkt für die Menschen des Mainzer Bistums entwikkelt. Als Vermächtnis seines Erbauers und seiner vielen Erneuerer sowie durch die eindrucksvolle Reihe der bischöflichen Grabdenkmäler vom 13. Jahrhundert bis in die Gegenwart läßt er eine große und bedeutende Tradition lebendig werden. Vornehmlich aber ist der Dom heute die Mutterkirche des Bistums Mainz und das sichtbare Zentrum der Zusammengehörigkeit aller seiner Gläubigen.

Dethard von Winterfeld

Das Bauwerk in Gestalt und Werden

Auf der Suche nach dem alten Dom

Da schon für das römische Mainz nach dem Jahre 346 Bischöfe überliefert sind, wird es auch eine Bischofskirche gegeben haben. Doch würden wir sie heute vermutlich kaum erkennen, weil sich die typischen Merkmale kirchlicher Architektur damals erst entwickelten. Wo der große Reformator der ostfränkischen Kirche Bonifatius, 747-754 Bischof und später Erzbischof von Mainz, residierte, wissen wir nicht, ebenso wenig wissen wir es von seinem Nachfolger Rabanus Maurus. Erst unter Erzbischof Hatto (891-913) ist der Neubau eines Domes schriftlich überliefert. Die Kombination von Quellen aus verschiedenen Epochen führt zu der nicht ganz gesicherten Annahme, daß sich dieser Dom in der heute evangelischen Johanniskirche westlich des Domes erhalten haben könnte (Abb. 25), die damit nach dem Dom in Trier die älteste sichtbare deutsche Bischofskirche wäre. Ihr Patrozinium stammt von einer längst untergegangenen Kirche und wurde übernommen, als 1036 nach Übersiedlung des Domkapitels ein neues Stift in dieser Kirche eingerichtet wurde, das bis 1802 bestand.

Leider hat der Bau der Johanniskirche seine beiden Apsiden, sein westliches Querhaus und die ursprünglichen Seitenschiffe verloren. Sonst würde die grundsätzliche Übereinstimmung dieser Disposition mit dem heutigen Dom noch deutlicher. Die ungewöhnlichen Proportionen mit dem breiten Langhaus, einem quadratischen Mittelschiff, sehr kleinen Seitenschiffsarkaden und der abgeschnürten Vierung, deren Bögen verloren sind, lassen noch ahnen, daß es sich um einen Bau aus der Frühzeit handelt.

Neue Maßstäbe im Dombau von Willigis

Willigis war einer der bedeutendsten und tatkräftigsten Mainzer Erzbischöfe und verlegte den Dom an seine heutige Stelle, vermutlich weil dieses Gelände damals noch nicht bebaut war und somit Platz für seine ehrgeizigen Pläne bot. Der Boden war jedoch sumpfig, so daß die Fundamente auf Pfahlrosten gestellt werden mußten, die bei der Sicherung 1914-1928 zutage traten. Als erster im damaligen Reich setzte dieser Dom in seiner Größe völlig neue Maßstäbe, die dann auch für seine oberrheinischen Nachbarn in Straßburg 1015, in Worms 1018 und in Speyer 1027 verbindlich wurden. Durch die Untersuchung der Fundamente wissen wir, daß der Mainzer Dom damals im wesentlichen seine heutige Ausdehnung erhielt und auch nicht viel niedriger war: eine dreischiffige Basilika, vermutlich mit Pfeilern anstelle von Säulen und einem weiter als heute ausladenden Querhaus im Westen, mit dem man sich auf die konstantinische Peterskirche in Rom bezog, ebenso wie mit der direkt anschließenden Westapsis des Hauptchores. Ein zweiter Chor befand sich im Osten - wahrscheinlich einbezogen in einen schmalen, östlichen Querbau, von dem sich die beiden Rundtürme bis zur Traufhöhe mit anschließenden Mauerpartien erhalten haben. Sie sind gekennzeichnet durch flache Pilaster und in gleichem Abstand umlaufende Gesimse als Geschoßteilung.

Doppelchörigkeit mit Atrium

Die für unser modernes Empfinden eigentümliche Anordnung zweier einander gegenüberliegender Chöre ist im Reichsgebiet schon seit karolingischer Zeit nachzuweisen (wie etwa bei der Johanniskirche), sollte aber gerade in ottonischer Zeit zu einem verbreiteten Kennzeichen großer Dom- und Klosterkirchen werden. Aus zeitgenössischen Quellen sind uns zwar die Gründe für doppelchörige Anlagen nicht überliefert, doch können wir mit Sicherheit sagen, daß es

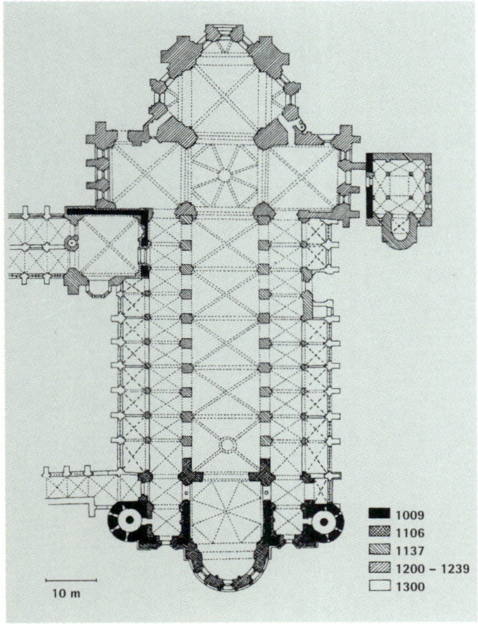

sich dabei nicht um eine symbolische Darstellung des Gegenübers von Kaiser und Papst als den beiden Häuptern des mittelalterlichen Kaiserreichs handelte, sondern um eine rein liturgische Einrichtung, die feierliche Prozessionen von Bischof und Domkapitel zwischen diesen beiden Chören ermöglichte. Wie wir aus späterer Überlieferung wissen, wurden beide Chöre fast gleichgewichtig genutzt.

Vor dem Ostchor zum Rhein hin lag ein großes Atrium, ein offener Säulengang, der die Breite des Domes einnahm und zum Fluß hin eine selbständige kleine

25 *Die Domanlage auf einen Blick mit Johanniskirche (oben), Kreuzgang (links) und Fundamentrest der Liebfrauenkirche (unten)*

Marienkirche in sich barg. Aus ihr entwickelte sich die gotische Liebfrauenkirche, die auf allen alten Ansichten zu sehen ist und leider nach 1803 abgebrochen wurde. An den Begrenzungen des Platzes vor dem Ostchor ist der Raum des Atriums noch heute spürbar, dessen Reste sich bis in das 19. Jahrhundert erhalten hatten (Abb. 25).

Am Tag vor der beabsichtigten Weihe im Jahr 1009 ging der Neubau des Domes in Flammen auf. Erst unter Erzbischof Bardo 1036 wurde die Weihe des wiederhergestellten Bauwerks vollzogen. Offenbar hatte man es nicht eilig gehabt, weil man den alten Dom weiter benutzen konnte. Wann Willigis seinen Bau begonnen hatte - manches spricht für das Ende des 10. Jahrhunderts -, ob er 1009 tatsächlich schon fertig war und ob Bardo ihn bei der Wiederherstellung veränderte, läßt sich nicht mehr feststellen.

Gestalt der Gegenwart

Der heutige Dom ist das Ergebnis bis in die Gegenwart andauernder Veränderungen, bedingt durch Zerstörungen, Wiederaufbau und Wandlungen des Stils. Er ist hervorgegangen aus einem allmählichen Um- und Neubau über dem Grundriß des Willigis-Domes. Wie bei ihm liegen Querhaus und Hauptchor - jetzt in der Form eines Trikonchos - im Westen, bekrönt von einem mächtigen Vierungsturm und zwei schlanken Achtecktürmchen am Hauptchor. Dies sind seine jüngsten Teile. Vom Langhaus sehen wir äußerlich nur den schlichten Obergaden mit seinen Bogenfriesen, weil es unten von gotischen Kapellen eingefaßt ist. Der Ostbau präsentiert sich außen als eine Art zweites, kürzeres Querhaus, ist aber innen eine komplizierte mehrgeschossige Anlage. Vor seiner Stirn stehen die schon erwähnten runden Treppentürme. Auch er ist in der Mitte bekrönt von einem achteckigen Turm. Die halbkreisförmige Ostapsis ist fassadenartig reich gegliedert und wird von zwei Portalen flankiert.

Erhaltene Umbauung

Als einer der ganz wenigen hat der Mainzer Dom große Teile seiner historischen Umgebung bewahrt, während andernorts die mittelalterlichen Kirchen zumeist im 19. Jahrhundert freigestellt wurden. Durch die in Mainz erhaltene Umbauung gewinnen wir sowohl einen Maßstab für die Größe des Bauwerks als auch einen Bezug zu seiner Geschichte. Auf der Südseite schließt sich der schöne doppelgeschossige Kreuzgang an, der zwischen 1390 und 1410 unter Erzbischof Johann II. von Nassau entstand (Abb. 83). Um den Kreuzgang gruppieren sich die Gebäude des Domkapitels (heute Dom- und Diözesanmuseum), in dessen Südflügel noch in größerem Umfang romanische Baureste erhalten sind. Als Ganzes erinnert die Anlage daran, daß bis 1803 das Domkapitel wie bei allen Kathedralen als weitgehend adliges Stift organisiert war, das in seinem liturgischen Leben manches mit den Klöstern gemein hatte. Zu dieser Anlage gehört im Winkel zwischen Südquerhaus und Langhaus die sogenannte Memorie, der ehemalige Kapitelsaal des Domstifts, in dem die Kanoniker beerdigt wurden. Er stammt aus der letzten Bauzeit des Domes um 1200 und ist von einem einzigen großen Rippengewölbe überspannt.

Im Südwesten des Domes liegt der Leichhof, der ehemalige Friedhof der Dompfarrei. Der Straßendurchbruch im Westen ist modern. Die Johanniskirche war früher durch einen Gang direkt mit dem Dom verbunden. In der Domumbauung dieser Seite war früher ein Kaufhaus untergebracht, das mit seinen neuromanischen Arkaden ein frühes Beispiel der Angleichung an die Architektur des Domes darstellt. Auf der Nordseite trennt eine Häuserzeile den Dom vom Markt. Sie ist die Nachfolgerin einer schon mittelalterlichen Bebauung aus Markthäusern und stammt in der heutigen Form zum Teil aus dem 18. Jahrhundert bzw. der Nachkriegszeit. Hier sieht man auch den kleinen Zentralbau der Gott-

26 *Monumentalität zum Rhein hin: Die Ostfassade*

hard-Kapelle vor dem Querhaus des Domes mit seiner schönen umlaufenden Zwerggalerie. Die ehemalige Privatkapelle des Erzbischofs bildete den Auftakt zur erzbischöflichen Pfalz, die den Marktplatz nach Westen abriegelte. Diese Hofhaltung gab dem heutigen anschließenden Platz den Namen „Im Höfchen". Nur nach Osten im Bereich des alten Atriums steht der Dom heute frei, doch sollte dies nicht darüber hinwegtäuschen, daß sich dort jahrhundertelang die große Liebfrauenkirche erhob.

Der Ostbau

Fassade zur Rheinseite

Der große Um- und Neubau des Domes begann um 1100 unter Kaiser Heinrich IV., der offenbar größere Mittel dafür zur Verfügung stellte, mit dem Ostbau. Dieser erhielt nun eine halbkreisförmige Apsis mit einem von schönen Nischen verzierten Giebel, bekrönt von einem Achteckturm (Abb. 26). Alle drei Elemente wurden - wenn auch variiert und in der Größe reduziert - von dem großen Dom des Kaisers in Speyer übernommen, der sich zur selben Zeit im Umbau befand: Die Apsis erhielt außen die gleichen, wenn auch nun etwas rhythmisierten Blendarkaden und die charakteristische Zwerggalerie mit ihren kleinen quergestellten

27 Löwenbändiger mit einem Affen als Symbol der Eitelkeit: Kapitell am Liebfrauenportal

28 Lombardische Kunstfertigkeit: Kapitell am Äußeren der Ostapsis

Tonnengewölben. Der östliche Querbau zwischen den erhaltenen Treppentürmen des Willigis-Baus wurde aufgestockt und nach Westen verbreitert, blieb aber sonst fast ungegliedert. Nur die Halbgiebel nach Norden und Süden erhielten Nischen, und im Untergeschoß wurden neben der Apsis zwei prächtige Portale eingefügt, die zu den frühesten Säulenstufenportalen überhaupt gehören. Rechteckige Rahmen verleihen ihnen ein besonderes Gewicht. Das südliche (linke), heute Liebfrauenportal genannt, ist von schönen, ganz antikischen korinthischen Kapitellen geschmückt, zugleich aber auch mit den typischen romanischen Löwen und einem Tierbändiger (Abb. 27). Beim nördlichen Portal blieben die Kapitelle unvollendet, genauso in der Zwerggalerie, was man wie in Speyer mit dem Tod des kaiserlichen Stifters 1106 in Zusammenhang bringt. Insgesamt erhielt der Dom auf diese Weise ein „Gesicht", eine Fassade, die auf Fernwirkung zum Rhein hin angelegt war, was man auch in Speyer oder etwas später bei den großen kölnischen Stiftskirchen beobachten kann. Dies ist ein neuer Akzent in der Architektur des frühen 12. Jahrhunderts.

Die oberen Abschlüsse der Treppentürme und der mittlere Turm als Ganzes wurden nach 1870 gänzlich erneuert und dabei zugleich erhöht. Ursprünglich lag der achteckige mittlere Chorturm nämlich sehr niedrig mit einer Zwerggalerie direkt über dem Giebel. Ihm wurde schon 1361 ein hohes gotisches Glockengeschoß aufgesetzt mit spornförmigen Pfeilern und Giebeln über jeder Achteckseite. Nach einem Brand als Folge der Belagerung im Revolutionskrieg 1793 blieb dieser Turm Ruine, bis ihm der klassizistische Architekt

29 *Gottgeweihtes Leben: Feier der Ordensprofeß in der Ostkrypta*

30 *Eingang in die Tiefe: Portal zur Ostkrypta*

Georg Moller eine leicht elliptische Kuppel als Eisenkonstruktion aufsetzte. Da der Ostturm durch diese aufwendige Kuppel jedoch in seiner Statik gefährdet war, wurde der gesamte Turm 1875 wieder abgebrochen und durch einen neuromanischen ersetzt. Diese Konstruktion mußte nun aber zugleich für den emporgewachsenen westlichen Vierungsturm ein optisches Gegengewicht bilden und nahm darum die Umrißlinien des steilen gotischen Turmes auf, jedoch mit den Einzelformen der Romanik. Ähnliches gilt für die benachbarten Rundtürme. Romanische Anklänge finden sich auch in neuem figürlichen Schmuck, wie zum Beispiel im Relief der Schwurhand Gottes im äußeren Chorgiebel des Ostwerks sowie den beiderseitigen Eckaufbauten mit den Löwen von 1875.

Liturgie in die Tiefe

Innen wurde um 1100 in der Mitte des Ostbaus eine dreischiffige Hallenkrypta eingefügt, die sich außen in der Apsis durch Fenster abzeichnet und das Niveau des Chores weit über dasjenige des Langhauses erhebt. Die Zugänge zur Ostkrypta führen von den Seitenschiffen aus nach unten (Abb. 28). In den Formen hielt man sich wohl weitgehend an die frühromanische Krypta von Speyer, bereicherte sie aber durch umlaufende Sockelprofile. Die Krypta wurde vermutlich schon am Ende der spätromanischen Bauzeit um 1230 abgebrochen und eingeebnet, um im Dom ein modernes, durchgehendes Niveau wie bei den Kathedralen Frankreichs zu erhalten. Ihre Reste wurden 1870 aufgedeckt und boten Anlaß zu einer Rekonstruktion (Abb. 29). Da man das Niveau des Chores jedoch nicht auf die ursprüngliche Höhe anheben wollte, gerieten die neuen Säulen zu kurz und die Gewölbe damit zu tief, so daß die gesamten Raumproportionen verschoben sind.

Liturgie in die Höhe

Über der Krypta befindet sich der eigentliche Ostchor mit seiner Apsis und darüber der nach innen offene belichtete Chorturm mit seiner kuppelartigen Wölbung (Abb. 31). Er ist zwar in der Form des 19. Jahrhunderts zu steil, gibt jedoch das ursprüngliche Prinzip richtig wieder. Wahrscheinlich war er einst durch Gesimse stärker gegliedert. Der Stellung nach handelt es sich zwar nicht um einen Vierungsturm wie über der Vierung im Westen, doch ist er diesem in der Funktion durchaus vergleichbar. Der Platz des Domkapitels, nämlich der Psallierchor, befand sich ursprünglich in der Vierung, genauso wie im Ostchor das zweite Gestühl unter dem Chorturm. Das legt die Schlußfolgerung nahe, daß die mächtigen steilen Turmräume etwas mit dem liturgischen Standort der Chorgestühle, also den eigentlichen liturgischen Chören, zu tun haben.

31 Gefüllt bis zum letzten Platz: Der Ostchor

Die seitlichen Chorwände sind im Prinzip geschlossen. Die dort sichtbaren Öffnungen führen unten in die hier in den Ostbau einmündenden Seitenschiffe und oben in hoch gelegene ehemalige Kapellen, die heute als Standort von Teilen der Orgel dienen. Wie bei den Westwerken bevorzugte man in romanischer Zeit hoch gelegene Kapellen in Türmen und auf Emporen - offenbar um die Liturgie nicht nur in der Fläche, sondern auch in die Höhe hinein auszubreiten im Sinne einer vertikal gedachten hierarchischen Ordnung. Unter den Kapellen befinden sich noch zwei kleine Sakristeiräume wohl aus der Zeit des Willigis, während darunter niedrige Eingangshallen zu den schon genannten Ostportalen führen.

32 In der Ostapsis: Vesper im Brendelschen Chorgestühl (16. Jahrhundert) aus der im 19. Jahrhundert abgerissenen Mainzer Kirche St. Gangolph

Fabelwesen in der Eingangshalle

In der südlichen Eingangshalle hat sich ein reicher Dekor aus Fabelwesen und einem bogenschießenden Kentaur erhalten, ebenso ein absolut antik wirkendes Kompositkapitell, das eng mit denen der Speyerer Afrakapelle verwandt ist. Der figürliche Dekor scheint runder, plastischer und damit spürbar jünger als entsprechende Motive in Speyer. Insgesamt besteht kaum ein Zweifel, daß diese Bildhauer als Spezialisten aus Oberitalien angeworben worden waren, wohin sie zurückkehrten, als der reichlich fließende Lohn des Stifters ausblieb; so ließen sie in Mainz vieles unvollendet. Die figürlichen Motive der Kapitelle sind möglicherweise der mittelalterlichen Tiersymbolik entnommen und werden als Kampf gegen die Begierden bzw. das Böse gedeutet.

Übergang zum Langhaus

In den oberen Teilen des Ostchores gibt es innen keinen Baudekor, was einerseits als Verzicht, andererseits als bewußte Angleichung an das damals noch aufrechtstehende Langhaus des Willigis-Domes verstanden werden kann. Ob man diesen überhaupt umbauen wollte, ist nicht bekannt. Zumindest fiel der Übergang zwischen Ostchor und Mittelschiff nicht nur bei dem dortigen Halbpfeiler, sondern auch in der Wandfläche darüber, wo die flachen Blenden fehlen, einfacher als das übrige Langhaus aus. Hier ragt das ursprünglich hohe Niveau der Krypta ein Stück in das Langhaus hinein und führt seitlich zu einer asymmetrischen Form der Hochschiffwände und zu einem längeren Joch im Mittelschiff. Bei den Seitenschiffen zeichnet sich in den Ostjochen ein geplanter Umbau der Gewölbe ab, der aber offenbar nicht weitergeführt wurde und unvollendet blieb. Sicherlich wurden die Bauarbeiten 1106 nicht abrupt eingestellt, sondern zogen sich möglicherweise bis in die 20er Jahre hin - offenbar aber mit eingeschränkten finanziellen Mitteln.

Architektonischer Universalanspruch

Insgesamt zeigte der Ostbau nunmehr eine Struktur, wie sie der Westbau des Trierer Domes schon Mitte des 11. Jahrhunderts erhalten hatte und wie sie unmittelbar zur gleichen Zeit im Westbau der Abteikirche Maria Laach und etwas später im Westbau der Damenstiftskirche St. Gertrud in Nivelles aufgegriffen und kopiert wurde - auch wenn die Mittelapsis mit ihren Einzelformen eindeutig aus Speyer stammt. Schon hier also versuchte man Oberrheinisches und Niederrheinisches miteinander zu verbinden und damit den Universalanspruch des Mainzer Erzbischofs im Alten Reich zu verdeutlichen, der damals dem größten Erzbistum des Abendlandes vorstand.

Den freien Blick in den Ostchor hat man erst seit 1871, als im Zuge der Restaurierung der große gotische Mittelpfeiler mit den seitlichen Spitzbogenarkaden wieder entfernt wurde, den man unter dem Chorbogen nach 1430 errichtet hatte, um die Last des gotischen Glockengeschosses über dem Chorturm abzufangen. Danach wurde die Nutzung des Ostchores mehr und mehr eingeschränkt; heute dient er jedoch wieder als Ort des Stundengebets und anderer liturgischer Feiern.

34 *Vom Licht erhellt: Das südliche Seitenschiff*

Das Langhaus

Gestaffelte Bogenfolgen

Wann das flachgedeckte Langhaus des Willigis-Domes durch einen modernen Gewölbebau ersetzt wurde, wissen wir nicht genau. 1137 wurde Erzbischof Adalbert I. in der Gotthard-Kapelle beigesetzt, die noch im gleichen Jahre geweiht wurde. Da sie eine enge Verwandtschaft mit den Bauformen des Langhauses aufweist, dürfte dieses wohl zur gleichen Zeit errichtet worden sein. Es blieb aber zunächst unvollendet. Die geplanten Gewölbe wurden nicht ausgeführt, die alten Seitenschiffsmauern des Willigis-Domes blieben stehen und erlaubten somit nicht einmal die Einwölbung der Seitenschiffe. Man stellte also das neue Mittelschiff in

33 *Monumentale Bögen: Blick durch das Langhaus gen Osten*

den Willigis-Dom hinein bis zur Vierung. Das Querhaus blieb unverändert. Die Gotthard-Kapelle errichtete man vor der nördlichen Stirnseite unter Mitbenutzung ihrer Mauer, die folglich im unteren Teil bis heute erhalten blieb.

Archaische Schlichtheit

Bei der Konzeption des neuen Langhauses (Abb. 33, 35) bezog man sich wiederum auf den Dom in Speyer, den ersten Großgewölbebau nördlich der Alpen, wandelte aber das Vorbild ab. Wegen des zu erwartenden Gewölbeschubs und mit Rücksicht auf den Ostbau und das Querhaus des Willigis-Domes reduzierte man die Höhe ganz erheblich (von 33 auf 28 m). Folglich wurde der Obergaden niedriger, und die Fenster mußten verkleinert werden. Da sie nun ganz in der Gewölbezone unter den Schildbögen liegen, rückte man sie paarweise zusammen, so daß sie nicht mehr in der Achse der Arkaden sitzen. Dies wiederum hatte zur Folge, daß man die flachen Blendbögen, die von den Pfeilern aufsteigen und in Speyer um die Fenster herumgeführt sind, in Mainz unterhalb der Fenster enden lassen mußte. Damit entstand aber zugleich etwas gänzlich Neues: ein dreigeschossiger Aufriß der Mittelschiffswand - ein in Frankreich zu dieser Zeit und später auch am Niederrhein sehr aktuelles Thema. In der Art, wie diese Blendarkaden von den Pfeilern her aufsteigen durch Zurücksetzen der Arkadenbögen, hat man sich jedoch ganz an das Speyerer Vorbild gehalten. Dadurch entsteht eine Verklammerung mit den Seitenschiffsarkaden und in der Länge eine monumentale Bogenfolge, die fast an römische Aquädukte erinnert. Über dem Gesims, das vor der Wand aufliegt, sind die Bogenfelder der Blendarkatur 1859-1864 im Stil der Nazarener nach Entwürfen des Malers Philipp Veit mit Darstellungen aus dem Leben Jesu ausgemalt worden.

Während zum Seitenschiff hin jedem Pfeiler eine Halbsäule vorgelegt ist zur Aufnahme der Gurtbögen und Kreuzgratgewölbe, ist dies im Mittelschiff nur bei jedem zweiten Pfeiler der Fall: Dort sind immer zwei Arkaden des Seitenschiffs zu einem großen Gewölbejoch im Mittelschiff zusammengefaßt, um möglichst dem Quadrat angenäherte Gewölbegrundrisse zu erhalten. Dieses „gebundene Gewölbesystem" bestimmt fast alle romanischen Gewölbebauten in Deutschland und in Oberitalien. Auch darin folgte man dem Speyerer Vorbild. Die Kämpferplatten der Pfeiler neben den Halbsäulen sind übrigens nicht herumgeführt, um die Senkrechte nicht zu unterbrechen.

Die Außenmauern mit den ursprünglichen Fenstern sind seit den Durchbrüchen für die Kapellen fast vollständig verschwunden. Nur im Bereich der Memorie und neben dem Marktportal haben sie sich erhalten. Hier kann man ablesen, daß einfache Wandvorlagen und Halbsäulen die Wände gliederten, um die Gewölbe aufzunehmen. Auf das gewaltige Blendarkadensystem des Speyerer Domes hatte man von vornherein verzichtet. Mit der Bauzier ging man insgesamt sehr sparsam um. Die einfachen korbförmigen Würfelkapitelle mit den Kämpfern aus Platte und Schräge im Mittelschiff wirken archaisch und könnten dem 11. Jahrhundert entstammen. Man könnte sie wiederum als Speyerer Zitat verstehen, wenn sich nicht dieser Reduktionsprozeß schon im Ostbau angekündigt hätte. So wohnt dem Langhaus eine großartige strenge Schlichtheit inne, die nur durch die gotischen Kapellen und durch die kostbaren Bischofsgrabmäler gemildert wird. Das Material des Langhauses besteht aus Muschelkalk und stammt aus den Weisenauer Brüchen südlich von Mainz, während man für den Ostbau den kostbareren Sandstein aus dem Spessart und von der Haardt zu Wasser antransportierte.

Die leicht spitzbogigen Rippengewölbe, die nicht den Linien der Schildbögen folgen, gehören in die letzte Bauphase um 1200. Dies belegt auch der mit Speichen versehene mächtige Schlußring im Ostjoch. Demnach war der Dom weder im Mittel- noch in den Seitenschiffen zu

35 Rhythmisch gegliedert: Das Mittelschiff des Langhauses

diesem Zeitpunkt gewölbt, was auch für die Architektur der Umgebung nicht ohne Bedeutung bleiben sollte.

Erzbischöfliche Hofkapelle

In diese Bauphase gehört auch die Gotthard-Kapelle (Abb. 36, 37) vor der Nordfassade des alten Querhauses. Sie wurde 1137 dem heiligen Godehard geweiht, der von 1022-1038 als Bischof von Hildesheim weit über die diözesanen Grenzen hinaus gewirkt hatte und 1131 gerade kanonisiert worden war. Als zweigeschossige Doppelkapelle gibt sie sich als erzbischöfliche Privatkapelle in unmittelbarer Verbindung zur anschließenden Pfalz zu erkennen. Auch sie folgt einem Speyerer Vorbild, doch nunmehr in Mainz in eindeutiger Funktion, wobei weniger die tatsächliche Trennung von Volk unten und Hofstaat oben als vielmehr eine symbolische Hierarchie bezweckt gewesen sein dürfte. Der kleine quadratische Raum mit vier Stützen betont den mittleren Raumschacht als Verbindung zum Obergeschoß und reduziert die Seitenschiffe auf eine Art Umgang. Nach Osten springt ein Altarraum mit einer kleinen Halbkreisapsis vor, in der jetzt das kostbare hölzerne Triumphkreuz aus Udenheim vom Ende des 11. Jahrhunderts aufgehängt ist. Das Untergeschoß erscheint mit seinen stämmigen Pfeilern gedrungen und von geringerer Bedeutung als das nur wenig höhere Obergeschoß mit seinen vier Säulen, die schon durch diese Form bereits eine größere Bedeutung signalisieren. Dem entspricht am Außenbau auch die umlaufende Zwerggalerie, die sicher einen Bezug zum repräsentativen Saalgeschoß der Pfalz gehabt hat. Ursprünglich bekrönte ein achteckiger, mit Fenstern versehener Mittelturm den zentralen Raumschacht. Ein Bezug zur ebenfalls mehrgeschossigen königlichen Hofkapelle in Aachen kann nur vermutet werden.

36 Einst dem Erzbischof vorbehalten: Die Gotthard-Kapelle

Der Westbau

Steinernes Crescendo im Westen

Erst kurz vor der Wende zum 13. Jahrhundert entschloß man sich, das Langhaus zu vollenden und Querhaus samt Hauptchor des alten Willigis-Domes durch einen angemessenen Neubau zu ersetzen. Die Seitenschiffsmauern wurden in der vorgesehenen Form in ganzer Länge erneuert und durch die geplanten rundbogigen Kreuzgratgewölbe mit dem Mittelschiff

verbunden. Die späte Entstehungszeit kann man an den sehr entwickelten Kapitellen (Kelchblockkapitelle mit niederrheinischem Dekor und sogar frühgotische Kelchknospenkapitelle) und den eleganteren Basen ablesen. Das Querschiff wurde verkürzt, um die nunmehr annähernd quadratischen Querarme mit einem einzigen Gewölbe überspannen zu können. Im Außenbau treten kreuzförmige Strebepfeiler an den Kanten auf, im Inneren bleiben die Wände glatt und kahl und werden nur durch die Fenstergruppen gegliedert (Abb. 107). Diese sind erheblich größer als im Langhaus, doch schließen sie mit ihren profillosen Stufungen an den Formenkanon des Langhauses an. Dies gilt auch für die Hauptkapitelle im Inneren des ganzen Westbaus mit ihrer prägnanten Würfelform, die in dieser Zeit - wie die Seitenschiffe lehren - schon anachronistisch gewirkt haben mußten, aber im Blick auf die Einheitlichkeit des Baus durchaus bewußt gewählt worden waren. Die Vierungspfeiler sind massig, gestuft und mit eingestellten Diensten versehen, die die mehrfach getreppten, leicht zugespitzten Vierungsbögen tragen (Abb. 93).

Die Vierung wird bekrönt durch einen achteckigen, belichteten Turm, dessen Schirmkuppel von Rippen besetzt ist

37 Heute der stillen Andacht reserviert: Das Innere der Gotthard-Kapelle mit Udenheimer Kreuz

38 Krönung staufischer Baukunst: Die Kuppel der Vierung über dem Hochaltar

39 Einst Wohnung des Glöckners: Wächterstube von 1572/73 im nördlichen Querhaus

und zur Überhöhung des liturgischen Chores diente (Abb. 38). Hier wird nun alle Zurückhaltung in der Gliederung aufgegeben: umlaufende Blendarkaturen, Rundbogenfriese, verkröpfte Gesimse, Eckdienste mit Kapitellen in jedem Geschoß und reiche Profile demonstrieren die Gliederungsmöglichkeiten dieser Zeit und wirken gegenüber der spartanischen Strenge des Unterbaus wie ein Crescendo, eine schwebende architektonische Krone, die dem Lobgesang der Domkanoniker im Chor darunter entsprechen sollte.

Feierlich weitet sich der anschliessende westliche Hauptchor zu einem zentralbauartigen Trikonchos, den man vom Langhaus her kaum wahrnehmen kann (Abb. 69, 103). Um ein rippengewölbtes Quadrat werden an den freien Seiten flache dreiseitig gebrochene Apsiden angeordnet, so daß sich im Grundriß ein Kleeblatt ergibt. An den westlichen Kanten sind außen riesige Strebepfeiler angeordnet, die oben kleine Achtecktürmchen tragen. Derartige Kleeblattchöre sind ein typisches Merkmal der niederrheinisch-kölnischen Spätromanik, doch erscheinen sie dort so gut wie nie in Kombination mit einem Querhaus. Im Inneren herrscht auch hier die strenge Einfachheit der Querarme und dokumentiert, daß es sich um ein Konzept aus einem Guß handelt. Nur die schmalen langgezogenen Rundbogenfenster bringen einen neuen Akzent.

40 *Kraftvolle Zusammenfassung: Romanische Geschosse des Westturms*

Galerien, Giebel und Arkaden

Auch im Außenbau bleibt die Gliederung mit Ausnahme der Strebepfeiler sparsam, weil der Baukörper immer von Häusern eng umschlossen war. Nur die kräftigen Abstufungen der Fenster lassen die gewaltigen Mauermassen in Erscheinung treten, die von der Vorliebe der oberrheinischen Spätromanik für Plastizität zeugen.

Bewegte Umrisse erhält der Westbau erst in den oberen Abschlüssen (Abb. 48). Das Chorquadrat ist auf jeder Seite von Giebeln bekrönt, die aus den polygonalen Dächern der Konchen herauswachsen und mit Speichenrosen geschmückt sind. Die Konchen selbst sind von einer Zwerggalerie umzogen, die nun als Gang mit Längstonne und Brüstung nach niederrheinischem Vorbild ausgestaltet ist. Die Öffnungen sind folglich zierlich, mit dünnen Säulchen und von Übergreifungsbögen rhythmisch gegliedert. Der Raum dahinter ist nur als dunkle Schattenzone wahrnehmbar. Die Brüstung ist kassettenartig vertieft. Das Ganze ist unten und oben von Rundbogenfriesen gerahmt. In dieser speziellen Form ergeben sich Beziehungen zum Ostchor des Trierer Domes. Die gleichen Formen wiederholen sich an den schlanken achteckigen Ecktürmchen und an den unteren drei Geschossen des Vierungsturmes, zum Teil mit gestaffelten Bogenstellungen (Abb. 40). Auch dort sind in zwei Geschossen Galerien übereinander angeordnet. Der Turm endete ursprünglich an dieser Stelle mit einem achtseitigen hölzernen Zeltdach.

41 Vollendeter Fassadenschmuck: Giebelfeld des nördlichen Querhauses

Bis nach 1920 waren die Wandflächen dieser oberen Teile aus kleinteiligem Eifeler Tuff nach Art der niederrheinischen Kirchen überdeckt von einer hellen Putzhaut, was den Zusammenhang dieser Bautengruppe auch vom Material her deutlich machte. Damit wird ganz klar, daß der Mainzer Dom an der Schnittstelle zweier romanischer Kunstlandschaften steht und entsprechend seiner geographischen Ausrichtung mit dem Ostbau nach Speyer zum Oberrhein schaut und mit dem Westbau rheinabwärts nach Köln. Möglicherweise drückte sich auch darin bewußt der hegemoniale Anspruch des Mainzer Erzbischofs als Primas Germaniae aus.

Besonders reich sind auch die Giebel des Querhauses gestaltet, insbesondere der nördliche, der vom Markt aus zu sehen ist (Abb. 41). Hier tauchen Blendarkaden als Anklänge an die Zwerggalerien auf; jede Fläche ist durch flache Doppel- und Drillingsblenden aufgelöst, und die Hauptöffnungen sind mit von gestuften Rundbogenfriesen geschmückten Bögen ausgezeichnet, die fast wie Zahnräder eines Getriebes ineinandergreifen. Steigende Kleeblattbögen überschneiden sich in ihrer Vielschichtigkeit zum Teil mit den übrigen Formen. Hier hat man mit Recht auf Zusammenhänge mit dem Neubau des Domes in Halberstadt verwiesen, das damals zu den Mainzer Suffraganbistümern gehörte und gleichsam einen Vorposten gegenüber dem Erzbistum Magdeburg darstellte, so daß man auch in diesem Fall aus der Anwendung spezifischer Formen eine weiterreichende Absicht herauslesen könnte.

1239 wurde der vollendete Dom geweiht. Die Zeit der Staufer neigte sich dem Ende zu. In Frankreich war das Langhaus der Kathedrale von Amiens bereits vollendet, in Marburg begann der Deutsche Orden mit dem Bau der gotischen Elisabeth-Kirche und knapp zehn Jahre später wurde der Grundstein zum Kölner Dom gelegt. Die neue Zeit kündigte sich auch in Mainz an, weil vermutlich schon zur Weihe der heute nur noch in Fragmenten erhaltene Westlettner vollendet war (vgl. S. 89-93). Er bestand aus einer kleinen Halle, die dreiseitig in den Raum vorsprang und damit auf die Form des Trikonchos antwortete. Die Beauftragung einer in der neuartigen französischen Gotik geschulten Werkstatt für den Lettner ist umso bemerkenswerter, als die beiden nur wenig früher im Rahmen des letzten Bauabschnitts entstandenen Portale die Möglichkeiten der einheimischen Bildhauer aufzeigen, von denen kein Weg zu der neuen Kunst des Naumburger Meisters führt.

Die Portale

Marktportal mit 1000jähriger Bronzetür

Die beiden Ostportale und ihr Dekor wurden bereits erwähnt (vgl. S. 36). Um 1200 wurde beim Neubau der Seitenschiffe ein Portal zum Markt hin errichtet, das dem Erzbischof wohl zum feierlichen Einzug von der Pfalz aus diente (Abb. 42). Entsprechend angeordnete Portale finden sich in Speyer, Worms und Bamberg. Dieses Portal ist in seinen Dimensionen anscheinend auf die beiden Bronzetürflügel abgestimmt, die Willigis um 1000

42 Beschildert und bewacht: Marktportal mit Domschweizern

43 Verborgenes Weltgericht: Das Leichhofportal

hatte gießen lassen. Fein profilierte Rahmen umgeben die glatten vertieften Füllungen. Die Löwenköpfe der Türzieher sind wohl eine spätere Ergänzung. Eine Inschrift rühmt Auftraggeber und Künstler: „Erstmalig nach dem Tod des großen Kaisers Karl ließ Erzbischof Willigis aus Metall die Türflügel gießen. Beringer, der Meister dieses Werkes, bittet den Leser für ihn zu Gott zu beten." Eine weitere Inschrift bezeugt das Stadtrechtsprivileg Erzbischof Adalberts I. von 1118. Das Gewände mit eingestellter schwarzer und roter Säule ist fein profiliert mit schönen Ausläufen. Figürliche Scheitel zieren die Bogenläufe. Das von Ornament gerahmte Tympanon zeigt Christus als Weltenrichter in einer von heranschreitenden Engeln gehaltenen Mandorla. Die spätromanisch stilisierten Gewänder sind in ihren ornamental wirkenden Säumen und Faltenläufen stark bewegt. Darunter ist durchaus ein Verständnis für Körperlichkeit zu spüren, doch bleibt die romanische Abstraktion erhalten. Die Oberfläche ist sehr fein gearbeitet.

Leichhofportal mit feinster Ornamentik

Ein weiteres Portal führt vom Südquerarm zum Leichhof und wurde erst 1925 wieder freigelegt (Abb. 43). Das Gewände ist hier um einen mit fein gearbeiteten Ranken besetzten Rundwulst bereichert. Die Ornamentik gehört zum Feinsten, was der Dom in dieser Zeit zu bieten hat. Im Tympanon erscheint der thronende Christus, daneben stehen fast gleich groß die Fürsprecher Maria und Johannes der Täufer. Um sich dem Rund des Bogenfeldes anzupassen, sind die beiden heiligen Bischöfe, die sich nicht mehr identifizieren lassen, als Halbfiguren gegeben. Körperlichkeit und Gewandbildungen weisen auf eine deutlich jüngere Stilstufe, bei der das Bemühen um organische Zusammenhänge vielleicht schon von einer ersten Auseinandersetzung mit der Gotik geprägt ist. Beziehungen zur Magdeburger Skulptur derselben Zeit gehen vielleicht nur auf eine gewisse Gemeinsamkeit in der Grundhaltung zurück.

Innenportale, mächtig und zierlich

Als Eingang vom Nordquerhaus in die Gotthard-Kapelle dient heute ein mächtiges mit schwarzen (ergänzten) Säulen und vielen gleichartigen Bogenläufen ausgestattetes Portal aus der Mitte des 13. Jahrhunderts, das 1862 vom Heiliggeist-Hospital hierher versetzt wurde (Abb. 107). Die zahlreichen Schaftringe in den Bogenläufen weisen auch hier auf vergleichbare Formen des Niederrheins.

Ein weiteres Portal ziert den Innenraum: die Memorienpforte, durch die einst die Kanoniker zu Grabe getragen wurden. Sie wird dem berühmten, für die ganze Region bedeutsamen Bildhauer und Architekten Madern Gerthener um 1420 zugeschrieben, der in den Quellen mehrfach in Mainz bezeugt ist. Das nach beiden Räumen hin ausgestaltete Portal besitzt kein Tympanon, sondern zwischen feinsten gotischen Profilen nur einen Bogenlauf, der unten mit Gewändefiguren und oben mit Archivoltenfiguren unter Baldachinen besetzt ist. Der Spitzbogen ist von einem mit mächtigem Maßwerk gefüllten eselsrückenartigen Wimperg mit großer Kreuzblume bekrönt, flankiert von zierlichen Fialentürmchen. Die Figuren zeigen in ihrer feinlinigen Beweglichkeit einen durchaus höfischen Charakter und gehören zum Besten, was der sogenannte „weiche" oder „schöne Stil" am Beginn des letzten gotischen Jahrhunderts uns hinterlassen hat (Abb. 44). Ohne die Realitätsnähe aus der zweiten Hälfte des 14. Jahrhunderts zu vergessen, wird hier noch einmal an die 100 Jahre zurückliegende Blüte der Gotik erinnert.

44 *Gotische Anmut: Martinsfigur im Memorienportal*

Kapellen mit gotischem Maßwerk

40 Jahre nach der abschließenden Domweihe setzte ein erster Umbau ein, in dem man den Dom seitlich durch Kapellenreihen erweiterte und ihm damit ein viertes und fünftes Seitenschiff hinzufügte. Man durchbrach dabei die alten Seitenschiffsmauern und gab so den Blick auf riesige neue Maßwerkfenster frei, die den altertümlich gewordenen Dom wenigstens

45 Reich ausgestattet: Scharfensteiner Altar von 1609

in diesem Bereich in eine gotische Kathedrale umwandelten (Abb. 45, 46). Eine gewisse Privatisierung der Religion hatte eingesetzt. Adel und reiche Bürger stifteten Privatkapellen mit zahlreichen neuen Altären, deren Pfründen den Unterhalt der Domvikare sicherten und ihre Zahl erhöhten. Die private Messe, der bevorzugte Begräbnisplatz und das gezielte Gebet für das Seelenheil der Stifter waren wichtige Motive. Auch wenn die Kapellen nacheinander entstanden und einen fließenden Prozeß der Formentwicklung innerhalb der vollentwickelten Hochgotik vorführen, ist das Konzept zweifellos einheitlich gewesen. Jeweils zwei romanische Seitenschiffsjoche wurden außen zu einer zweijochigen Kapelle zusammengefaßt. Zur inneren Abtrennung wurden keine geschlossenen Wände, sondern durchbrochene Maßwerkfenster eingesetzt, so daß die Kapellen auch in der Längsrichtung in Verbindung miteinander stehen und auf diese Weise tatsächlich den Eindruck von Seitenschiffen suggerieren.

Die Feinlinigkeit der Dienste in den Winkeln und die Zeichnung der Maßwerke geben einen Einblick in die Entwicklung, die 1278 auf der Nordseite mit der östlichsten Kapelle beginnt, von dort nach Westen fortschreitet unter Auslassung des Marktportals bis 1291, um 1300 auf das Westende der Südseite übergreift und 1319 dort mit der östlichsten Kapelle endet. Die spätere Anlage der Südkapellen war bedingt durch den hier noch aufrechtstehenden romanischen Flügel des Kreuzgangs, der später geopfert wurde und folglich auch beim Neubau des Kreuzgangs fehlt. Das äußere Bild der Kapellen wurde einst durch eine Abfolge mit Maßwerk geschmückter Giebel hervorgehoben, die im 18. Jahrhundert beschädigt und danach abgebrochen wurden. Auf der Nordseite sind sie durch barocke Vasen ersetzt. Die Maßwerke der großen, leider viel zu dunkel modern verglasten Fenster sind von den beiden großen Dombauhütten dieser Zeit in Straßburg und in Köln beeinflußt worden

46 Einladung zum Gebet: Südliche Seitenkapelle

und in der Qualität mit diesen durchaus auf eine Stufe zu stellen.

Nach der schon erwähnten Aufstockung des östlichen Mittelturmes 1361 wurde im Inneren vor 1418 durch Erzbischof Johann II. von Nassau im Ostende des Langhauses eine doppelgeschossige freistehende Grabkapelle errichtet, deren Untergeschoß sich unter dem Fußboden erhalten hat; der Zugang öffnet sich gegenüber der Ostkrypta. 1482 schließlich setzte man auf den westlichen Vierungsturm ebenfalls ein hohes Glockengeschoß, in der Struktur einfacher als über dem Ostchor und nur mit jeweils zwei von spätgotischem Maßwerk gefüllten Fenstern auf jeder Seite (Abb. 47). Darüber wurde ein steiler Spitzhelm errichtet, der auf allen älteren Stadtansichten zu sehen ist.

Schöpferische Turmkronen

1767 brannte der Dom nach einem Blitzschlag ab. Die Gewölbe hielten jedoch genau wie später in den Bombardierungen von 1942 und 1945 stand. Der technisch besonders begabte Sohn Balthasar Neumanns, Franz Ignaz Michael, übernahm 1769 die Wiederherstellung. Über den Westteilen wurden aus Gründen der Feuersicherheit statt eines Dachstuhls gewaltige Gewölbe errichtet, auf denen außen die Schieferplatten unmittelbar aufliegen. Die drei Türme erhielten nunmehr neue pagodenartig gestufte Aufbauten, die innen gewölbt sind. Die Form der Öffnungen in den einzelnen Geschossen bezieht sich auf den spätgotischen Unterbau und integriert dabei zugleich auch Elemente der Spätromanik. Auf die Kanten wurden spitze gotische Fialenhelme gesetzt, wie sie als Pyramidenaufsätze aus der Renaissance und aus dem Barock durchaus bekannt waren. Im obersten Kranz stehen jedoch schlanke barocke Vasen. Gotisierende Brüstungen umziehen die einzelnen Rücksprünge. Auf dem Dachsattel über dem Westchor bekam das Standbild einer Martinsgruppe

47 *Gewachsen in Romanik, Gotik und Barock: Westliche Turmlandschaft mit Domuhr*

(Abb. des Bucheinbands) einen weit sichtbaren Platz zugewiesen (1928 wurde sie durch Kopien ersetzt). Auch der Wetterhahn auf dem westlichen Vierungsturm stammt in seinem Grundbestand aus der damaligen Zeit. Neumann gab so dem Dom eine unverwechselbare Silhouette. Die eigenartigen historisierenden Mischformen weisen zwar auf das Zeitalter der romantischen Hinwendung zu mittelalterlichen Formen im 19. Jahrhundert voraus und könnten als eine Art schöpferische Denkmalpflege interpretiert werden, doch sollte man nicht übersehen, daß Neumann in einer guten und langen Tradition der Angleichung an die historisch vorgegebenen Formen bei Reparaturen und Ergänzungen steht. Hier wäre auf die Dome in Straßburg, Orléans und Siena als Beispiele zu verweisen. Mit dem Ergebnis mußte sich der holländische Architekt Peter Josef Hubertus Cuypers 1875 beim Neubau des Ostturms messen. Dies war der letzte schöpferische Akt am Mainzer Dom.

Sicherung für unsere Zeit

Nach dem endgültigen Untergang des alten Erzbistums, der mit der Besetzung von Mainz 1793 eingeleitet und 1806 besiegelt wurde, konnte für Mainz bei der kirchlichen Neueinteilung wenigstens der Sitz eines Bistums gerettet werden. Den großen Veränderungen des Ostbaus nach 1871 folgten 1914 bis 1928 gewaltige Sicherungsmaßnahmen, bei denen der Dom neue Fundamente erhielt, da die alten Pfahlrosten durch das Absinken des Grundwassers vermodert waren. Im Zweiten Weltkrieg wurden, abgesehen von Bombentreffern in den Anbauten, im wesentlichen nur die Dächer des Domes zerstört. In den folgenden Jahrzehnten wurde der Dom, der seit seiner Erbauung immer wieder in unterschiedlicher Weise verputzt und farbig getüncht gewesen war, sowohl innen (1958-1960) wie auch außen (1971-1978) in vielfältig abgestuften, der architektonischen Gliederung wie auch dem Baumaterial angepaßten Abstufungen farblich neu gestaltet. Die letzten 50 Jahre der Baugeschichte sind insgesamt gekennzeichnet durch Konservierung und Ausschmückung des Überkommenen und durch das Bestreben, die Erfordernisse der gegenwärtigen Liturgie mit der historischen Form einer mittelalterlichen Erzkathedrale in Einklang zu bringen.

48 *Domgebirge: Ansicht von Südwesten*

Die Maße des Mainzer Doms

Äußere Länge: 116 m
Innere Länge: 109 m
Länge des Langhauses: 53 m
Langhausbreite innen ohne Kapellen: 31,55 m
Lichte Mittelschiffbreite: 13,60 m
Scheitelhöhe der Mittelschiffgewölbe: 28 m
Breite der Seitenschiffe: 6,53 m
Scheitelhöhe des Vierungsturmes innen: 43 m
Turmhöhe des Vierungsturmes: 82 m
Höhe der östlichen Treppentürme: 55 m

Verena Kessel

Die Ausstattung des Domes

Verlorenes und Bewahrtes

Der Mainzer Dom bewahrt eine der reichsten Kirchenausstattungen - obwohl fast die Hälfte der Denkmäler, besonders in den Jahren um 1800, vernichtet wurden. Darum sei zunächst einmal an die verlorenen Schätze des Domes erinnert: Das von Erzbischof Willigis gestiftete überlebensgroße Gold-Kruzifix wurde bereits im 12. Jahrhundert zur Zahlung von Kriegskosten genutzt. 1540 gab Kardinal Albrecht von Brandenburg ein Gemälde von Dürer an den Dom, dessen Spur sich seit dem Ende des 17. Jahrhunderts verliert. Während des Dreißigjährigen Krieges 1631 oder 1632 raubten die Schweden drei Altargemälde von Grünewald, die durch Schiffbruch in der Ostsee untergingen. Der Errichtung neuer Altäre im 16. und 17. Jahrhundert mußten die gotischen Retabel in den Seitenkapellen weichen. 1682/83 wurden die Lettner - Reste des bedeutenden Westlettners sind heute im Dommuseum zu besichtigen - und das sogenannte Nassauer Chörlein im Langhaus abgebrochen, um den Gläubigen die Sicht auf die Altäre im Ost- und Westchor zu ermöglichen. Die schlimmste Zeit kam für den Dom am Ende des 18. Jahrhunderts. Bei der Belagerung von Mainz 1793 in den französischen Revolutionskriegen brannte der Dom. Versehen mit einem Notdach, diente er anschließend unter anderem als Magazin. Diese Profanierung sowie die Säkularisation von 1802 bedeuteten den Verlust vieler Kunstwerke.

Durch glückliche Umstände konnten aber auch wichtige gerettet werden: So war das riesige Chorgestühl bereits an einen Mainzer Schreinermeister verkauft, der es aber aus Raummangel im Dom beließ, so daß Bischof Colmar es zurückkaufen konnte. Ein weiterer Schicksalsschlag erfolgte 1813, als der Dom für die typhuskranken Soldaten des napoleonischen Rußland-Heeres als Lazarett genutzt wurde und hölzerne Ausstattungsstücke als Brennmaterial für über dreißig Lagerfeuer in der Kirche herhalten mußten. 1827-1837 wurden die beschädigten Denkmäler wiederhergestellt, wobei beispielsweise oft unterschiedlichste Bruchstücke zu neuen Altären zusammengesetzt wurden. Eine Pulverexplosion zerstörte 1857 die alte Verglasung, ein besonders herber Verlust eines gesamten Denkmälerkomplexes. Die einfache Nachfolgeverglasung des Domes ging dann im Zweiten Weltkrieg verloren. 1954 erhielt der Westchor eine neue Verglasung von Alois Stettner, 1960 der Ostchor neue Fenster von Anton Wendling. Dieser Künstler war auch für die Verglasung der Seitenkapellen mit Siegeln und Wappen der Mainzer Erzbischöfe und Bischöfe vom Erbauer des Domes Willigis († 1011) bis heute verantwortlich (Abb. 45,46).

Unter Bischof von Ketteler kam es zu einer großen Domrenovierung, bei der vermutlich die letzten Reste früherer Wandmalereien vor allem aus der Epoche der Gotik entfernt wurden. Nun stattete Philipp Veit mit seinen Schülern Settegast, Hermann und Lasinsky 1862-1878 den Westchor und das Langhaus mit Fresken aus. Veit wählte in Anlehnung an die frühchristliche Kunst einen christologischen Zyklus aus und wollte die Wandbilder als Predigt verstanden wissen. Bereits zu Lebzeiten des Künstlers war die Qualität der Bilder umstritten. Die Szenen beginnen im Westen auf der Südseite mit der Verkündigung, das nächste Thema findet sich auf der Nordseite, um dann alternierend über das Langschiff zu „springen" und mit der Auferstehung zu enden (Abb. 33,35). Andere Wandmalereien von Veit im Westchor sind bereits bei den großen Sicherungsarbeiten von 1925-1928 verlorengegangen.

Den Zweiten Weltkrieg überstand die Ausstattung des Domes ohne Verluste. Neue liturgische Konzepte haben 1928 und 1960 zur Neugestaltung und Versetzung des Hochaltars unter die Vierung geführt. Die Ausstattung des Domes ist also bis in unsere Zeit nicht abgeschlossen, sondern im Wandel.

Die Grabdenkmäler

Mainz besitzt die umfassendste Reihe an erzbischöflichen Grabdenkmälern in einem Dom des Alten Reiches; sie zeugen vom Bewußtsein der Metropoliten, in der Reihenfolge ihrer Vorgänger und Nachfolger zu stehen. Ihr Selbstverständnis, als Oberhirten der größten Kirchenprovinz des Abendlandes nach Rom zu amtieren und dem vornehmsten Fürstentum des Reiches vorzustehen, erfuhr hier seinen bildlichen Ausdruck. Die repräsentativen und anspruchsvollen, oft von den besten Künstlern der Zeit geschaffenen Grabmonumente vermitteln in einem über Jahrhunderte verbindlichen Typus des Grabmals die Erinnerung an das Amt und Amtsverständnis: Der Verstorbene steht unter einem Baldachin mit seitlicher Architekturrahmung und hält Buch und Bischofsstab in Händen. Die Bischöfe treten als Lebende mit offenen Augen auf und agieren mit Hirtenstab (Pedum) und Buch. Aber nicht nur die Erzbischöfe sind im Dom bestattet, sondern auch Mitglieder des Domkapitels und hochgestellte Laien. Alle haben sich Grabdenkmäler errichten lassen zum Zweck der Erinnerung, die unterschiedliche Formen umfaßte: die persönliche Memoria an den Menschen,

51 *Erzbischof mit Königsterzett: Peter von Aspelt († 1320)*

die historische Memoria an seine Taten, die liturgische Memoria für das Gebet. Dieses Erinnern wurde zum mindesten einmal im Jahr vollzogen, am Jahrgedächtnis (Anniversarium). Man zog mit einer Prozession zum Grabmal, inzensierte Weihrauch, sang und betete. An diesem Tag brannten Kerzen am Grabmal, es konnten Teppiche oder Tücher darauf gelegt oder ein Baldachin aufgestellt werden. Besucher des Domes erkannten somit sofort, wo ein Jahrgedächtnis gefeiert wurde. Bis zum Ende des Alten Reiches 1802 wurden diese Anniversarien vollzogen, die eine intensive Verbundenheit der Lebenden mit den Toten bezeugen. Ein literarisches Denkmal haben die Grabmonumente in Anna Seghers' Roman „Das siebte Kreuz" erhalten, in dem ein Flüchtling aus einem Konzentrationslager eine rettende Nacht im Dom verbringt: „Bischöfe auf den Grabplatten vor den Pfeilern erstarrten von neuem in ihrer stolzen Todeswachheit, mitsamt den Königen, auf deren Krönung sie bis zum Übermaß stolz waren."

Erzbischöfe als Königsmacher

Das älteste erhaltene figürliche Grabdenkmal im Mainzer Dom zeigt Erzbischof Siegfried III. von Eppstein († 1249), (1) unter dem der heutige Dom vollendet und geweiht wurde. Sein Denkmal ist gleichzeitig eines der ungewöhnlichsten der abendländischen Kunstgeschichte (Abb. 15). Der Erzbischof steht breitbeinig auf Löwe und Basilisk; zu beiden Seiten befinden sich auf Podesten deutlich kleinere Könige, denen er die Krone auf das Haupt setzt - die Gegenkönige Heinrich Raspe und Wilhelm von Holland, die der Mainzer Erzbischof zusammen mit seinem Kölner Kollegen Konrad von Hochstaden auf den Königsthron erhob. Die dicke Bemalung in Ölfarbe von 1834 verdeckt die Qualität des Grabsteins, die sich etwa in der Differenzierung der Gesichter - ein altes bei Heinrich Raspe und ein junges bei Wilhelm von Holland - zeigt.

Zwei nachfolgende Grabsteine nehmen die Krönungsikonographie auf. Von dem qualitätvollen Grabmal für Gerhard II. von Eppstein († 1305) hat sich nur noch der Kopf im Diözesanmuseum erhalten. Peter von Aspelt († 1320) krönt gleich drei Herrscher (Abb. 51). (2) Die Grabplatte ist erst nach dem Tod des Erzbischofs entstanden, da Ludwig der Bayer die Kaiserkrone trägt und diese Krönung 1328 stattfand. Stilistische Vergleiche legen eine Entstehung des Monuments Mitte der 1330er Jahre nahe. Die Inschrift ist eine der frühesten formal durchgestalteten Minuskelschriften in Stein.

Typenbildende Grabdenkmäler

In dieser Zeit entstand auch das Grabmal für Matthias von Bucheck († 1328), (3) das mit Architekturrahmung und stehendem Erzbischof mit Buch und Bischofsstab das typenbildende Modell für fast alle erzbischöflichen Grabdenkmäler bis zum Ende des 17. Jahrhunderts werden sollte (Abb. 16).

Am Ende des 14. Jahrhunderts erhielt Erzbischof Konrad von Weinsberg († 1396) das erste an der Wand angebrachte Grabdenkmal im Mainzer Dom (Abb. 52). (4) Bis dahin waren für die Erzbischöfe Tumben üblich gewesen. Das Weinsberg-Denkmal schuf ein fränkischer Künstler, der den in Würzburg eingeführten Typus des Wanddenkmals nach Mainz übertrug. Irrtümlich versah er den Erzbischof mit einem Brust- und Schulterschmuck, dem Rationale, das den Würzburger Bischöfen zustand, nicht aber den Mainzern.

Selbstbewußter Kirchenpolitiker

Die beiden folgenden Grabdenkmäler zählen zu den besten im Dom. Kurz vor seinem Tod 1419 ließ Erzbischof Johann II. von Nassau das sogenannte Nassauer Chörlein, einen Baldachinaltar, im Mittel-

(0) *Bezifferung für den Orientierungsplan am Ende des Buches*

schiff errichten und die Grabplatte seines Bruders Adolf I. von Nassau († 1390) 5 und seine eigene zu beiden Seiten an den Pfeilern anbringen. Das Grabdenkmal für Johann 6 besitzt eine aufwendige Rahmung mit Heiligenfigürchen und einen mächtigen Baldachin, unter dem mit raumgreifender Bewegung der Erzbischof steht. Der temperamentvolle, aktive Umgang mit den Insignien, die bewegte Haltung und Faltengebung des Gewandes finden sich wohl nicht zufällig bei einem Kurfürsten, der in Rüstung auf dem Konstanzer Konzil einritt und mit Gewalt versuchte, den gefangenen Gegenpapst Johannes XXIII. zu befreien. Das Grabmal zeigt den selbstbewußten, politisch handelnden Erzbischof, der in allen Händeln seiner Zeit mitmischte und dessen Bewußtsein von der Macht seines Amtes völlig ungebrochen scheint. Die hervorragende Gestaltung, zu der auch die beginnende Porträthaftigkeit des Gesichtes gehört, verweist auf einen führenden Bildhauer. Als Künstler kommt der Frankfurter Dom- und Stadtbaumeister Madern Gerthener in Frage, der eventuell auch das Memorienportal 7 (Abb. 44) im Dom schuf.

52 *Im Sonnenlicht des südlichen Querhauses: Erzbischof Konrad von Weinsberg († 1396)*

Erzbischof zwischen Macht und Leid

Eine ganz andere Konzeption vertritt das Grabmal für Konrad III. von Dhaun († 1434). 8 Ein einfacher Kastenrahmen beherbergt die Gestalt des Erzbischofs: Auf der einen Seite vermittelt die Überfülle seiner Gewänder den Machtanspruch, den Konrad als Mainzer Metropolit vertrat (Abb. 53). Auf der anderen Seite verschwindet der Körper des Erzbischofs unter dem Ornat, und der mächtige Stab scheint zum Halten zu schwer, als ob er das Amt als Last empfindet. Dem entspricht auch der Ausdruck des Alterns und Leidens im Gesicht, dessen Ausdrucksstärke durch die Beschädigungen unabsichtlich noch gesteigert wird. Diese Gegensätzlichkeit offenbart sich vielleicht auch in den Bestimmungen des Erzbischofs zu seinem Grabdenkmal. Es sollte zugedeckt mit Brettern im Boden liegen und nur einmal im Jahr zum Anniversarium geöffnet werden. In diesem Moment erschien dann eines der großartigsten Grabmäler zu den Füßen des Betrachters, dessen ästhetische Inszenierung die Jahrgedächtnisse der Vorgänger noch übertraf.

53 Leidgeprüfter Erzbischof: Konrad III. von Dhaun († 1434)

Erstes Porträt

Die nachfolgenden Erzbischöfe wurden nicht in Mainz bestattet, so daß sich erst zum Ende des Jahrhunderts wieder Grabdenkmäler im Dom finden. 1482 stirbt Diether von Isenburg, der Gründer der Mainzer Universität, wie die Inschrift lobend vermeldet. Sein Gesicht ist vermutlich das erste echte Porträt auf einem Grabdenkmal im Dom (Abb. 17). 9

Der zum Erzbischof gewählte Herzog Adalbert von Sachsen verschied 1484, noch ehe er das erforderliche Alter für die Priester- und Bischofsweihe erlangt hatte, und trägt deshalb auf seinem Grabmal 10 die Kleidung eines Domherren. Der unbekannte Künstler erhielt nach diesem Denkmal den Notnamen Adalbert-Meister; ein Vergleich mit dem Isenburg-Grabmal zeigt gut die Eigenheiten seines Stils in der Verkleinerung der architektonischen Elemente sowie der klaren, wenig knittrigen Faltengebung.

Bildnis eines Toten

Vom Adalbert-Meister stammen wahrscheinlich noch zwei weitere Kunstwerke im Dom, eine Grablegung Christi (Abb. 65) und das Grabdenkmal für den Domdekan

54 *Antlitz eines Toten: Domdekan Bernhard von Breidenbach († 1497)*

Bernhard von Breidenbach († 1497). 11 Dieser erlangte Berühmtheit durch eine Reise in das Heilige Land, die er 1486 beschrieb und von dem zu diesem Zweck mitgereisten Zeichner Erhard Reuwich illustrieren ließ. Aus Dankbarkeit für seine Rückkehr stiftete er ein Relief mit dem Halbfigurenbild der Madonna auf der Mondsichel (Domkreuzgang). Bernhard von Breidenbach ließ sich auf seiner Grabplatte als Toter in seiner ganzen Kreatürlichkeit abbilden, mit geöffnetem Mund, gebrochenen Augen und einsinkendem Gewandstoff, der den toten, knochigen Körper realistisch abmodelliert (Abb. 54). Diese Darstellung wird kombiniert mit Elementen des Amtes wie der Mitra, die einem Domdekan zustand, oder dem Kelch, der auf die priesterliche Tätigkeit hinweist. Die Grabplatte lag mit Brettern verdeckt im Boden. Analog zum Grabdenkmal Konrads von Dhaun gilt auch hier, daß die Inszenierung der Aufdeckung anläßlich des Anniversariums die vorzügliche Platte umso eindrucksvoller erscheinen ließ.

Doppelte Erinnerung

Die folgenden drei Grabdenkmäler, im engen Zeitraum von rund zehn Jahren geschaffen, beschließen die spätgotische Epoche. 1504 starb nach 21jähriger Regierungszeit Berthold von Henneberg, einer der bedeutendsten Mainzer Erzbischöfe. Er wirkte kraft seines Erzkanzleramtes federführend bei der Reichsreform. Beispielsweise setzte er Einrichtungen wie das Reichskammergericht durch und artikulierte ein politisches Bewußtsein, das entscheidend für die Erhaltung der Reichseinheit in den folgenden Jahrhunderten sein sollte. Für Berthold von Henneberg existieren zwei Grabdenkmäler, ein monumentales, 5,15 m hohes Wanddenkmal 12 sowie eine Grabplatte mit der Figur des Erzbischofs. 13 Die Grabplatte ist aus kostspieligem roten Marmor und mit reliefierter Erzbischofsfigur aufwendig und qualitätvoll gestaltet. Sie unterscheidet sich damit auffällig von den sonst in dieser Zeit üblichen Grabplatten, die die von den Wandmonumenten weiter entfernten Gräber deckten und nur Wappen und Inschrift trugen. Deshalb wurde die Vermutung geäußert, es könne sich bei der Grabplatte für Berthold von Henneberg um ein erstes Grabmonument handeln, das er bereits zu seinen Lebzeiten anfertigen ließ. Nach seinem Tod wäre dann das Wanddenkmal in Auftrag gegeben worden, wobei die Frage der Auftraggeberschaft schwierig und ungeklärt ist. Bei dem in der Inschrift genannten „Gemeinwesen" (res publica) könnte es sich eventuell um die Stadt Mainz handeln. Das malerische Faltenspiel und das in großer Feinheit gezeichnete Gesicht des Erzbischofs verraten einen qualitätvollen Bildhauer. Bisher dachte man an Hans Backoffen, den man für den führenden Bildhauer am Mittelrhein um 1500 hielt und von dem eine bedeutende Kreuzigungsgruppe im Frankfurter Dom erhalten ist. Neuere Forschungen schreiben ihm das Grabmal jedoch ab, ohne daß bisher ein namentlich bekannter Bildhauer dafür vorgeschlagen werden konnte.

Natürliche Bewegung

Am Grabmal des 1508 verstorbenen Erzbischofs Jakob von Liebenstein 14 überragen Baldachin und Fialen zum ersten Mal den Kastenrahmen. Auch die Figur des Erzbischofs zeigt neue Elemente: Jakob von Liebenstein steht nicht mehr im gotischen Kontrapost, sein Körper weist nicht mehr den typischen S-Schwung auf, das Haupt sitzt gerade auf dem Körper, und die Falten der Gewänder folgen in natürlicher Weise den Bewegungen. Dies sind bereits Anzeichen einer neuzeitlichen Figurenauffassung, die spätmittelalterliche Gestaltungsprinzipien immer mehr aufgibt. Ein erzählerisches Element bringen die Sockel der Begleitfiguren mit Szenen aus dem Leben der Heiligen; so findet sich unter dem hl. Martin eine ganze Ansammlung von Bettlern. Auch für das Liebenstein-Grabmal galt bisher Hans Backoffen als Schöpfer, wobei dies

neuerdings genauso bestritten wird wie die bisher angenommene Entstehungszeit; ein zur Zeit noch anonymer Bildhauer soll das Grabmal um 1520 geschaffen haben.

Kniefällige Demut

Das Grabmal für Uriel von Gemmingen († 1514) **15** sprengt in seiner völlig andersartigen Konzeption den Rahmen der erzbischöflichen Denkmäler: Der Erzbischof wird in der Andacht gezeigt, er kniet betend vor dem Gekreuzigten, empfohlen von den Bistumspatronen Martin und Bonifatius (Abb. 55). Der Kopf des Erzbischofs wurde 1834 ergänzt; ursprünglich war er barhäuptig, da Uriel von Gemmingen aus Gründen der Demut die Insignien wie Mitra, Stab (beide heute nicht mehr vorhanden), bischöfliches Vortragekreuz und Handschuhe abgelegt hat. Auch der Puttokopf hinter dem Erzbischof ist falsch ergänzt, es handelte sich hier ursprünglich um den Bettler des hl. Martin. Der Erzbischof und die Heiligen tragen schwere, voluminöse Gewänder, und die fleischigen, faltenreichen Gesichter der beiden Bistumspatrone lassen das Antlitz des Erzbischofs klassizistisch geglättet erscheinen. Das Blut Christi fangen fünf Engel in Kelchen auf, ein Hinweis

55 *Zu Füßen des Gekreuzigten: Erzbischof Uriel von Gemmingen († 1514)*

auf die Eucharistie. Im Rahmenwerk treten neben spätgotischen Elementen jetzt Renaissanceformen wie Rundbogen oder Pilaster auf. Das Grabmal setzte laut Inschrift Kardinal Albrecht von Brandenburg seinem Vorgänger, so daß man überlegen kann, ob die komplexe Ikonographie Albrechts Ideen spiegelt oder auf Wünsche Uriels von Gemmingen zurückgeht. Das Grabmal galt bisher als ein Hauptwerk Backoffens, muß aber wohl nach heutigen Erkenntnissen aus seinem Werkverzeichnis gestrichen werden, wobei aktuelle Forschungen zu neuen Ergebnissen hinsichtlich der Bildhauerfrage führen werden.

Roter Marmor

Die Formen der Renaissance brechen endgültig im Grabdenkmal für Kardinal Albrecht von Brandenburg († 1545) 16 durch, dessen Leben aufgrund seiner Ämter als Administrator von Halberstadt und Erzbischof von Magdeburg und Mainz, weswegen er auf seinem Grabdenkmal zwei Pallien trägt, eng mit der Entstehung der Reformation Luthers verbunden ist. Das Grabdenkmal stammt höchstwahrscheinlich von Dietrich Schro, dem führenden Renaissance-Bildhauer in Mainz, ebenso wie das für Erzbischof Sebastian von Heusenstamm († 1555) 17 und das für den Domherrn Georg Göler von Ravensburg († 1558) 18 in der Memorie. Das Grabdenkmal für Albrecht von Brandenburg (Abb. 19) ist mit Blickrichtung auf den Haupteingang des Domes, das Marktportal, aufgestellt. Auf dem Markt hatte Albrecht 1526 den ältesten und wohl schönsten Brunnen Deutschlands gestiftet. Dem Gesicht des korpulenten Erzbischofs, von vielen zeitgenössischen Porträts überliefert, sieht man die Spuren des Alterns an. Die freudig und agil sich bewegenden Engel und der triumphierende, auferstehende Christus auf dem Monument verweisen auf die Hoffnung und den Glauben des Kardinals an seine Auferstehung. Die schöne Grabplatte 19 für Albrecht von Brandenburg zeigt sein Wappen unter dem Kardinalshut, ähnlich wie ein von ihm gestifteter Teppich im Dommuseum, und trägt als einziges erzbischöfliches Grabmonument im Dom eine deutsche Inschrift. Die Platte wurde von Albrecht selbst in Auftrag gegeben und höchstwahrscheinlich in Eichstätt gefertigt, worauf auch der in Mainz fremde und in Süddeutschland gern verwendete rote Marmor deutet.

Verewigt im Kreis der Familie

Erzbischof Daniel Brendel von Homburg († 1582) ist zweimal im Dom verewigt; zum einen auf dem von ihm gestifteten Familiendenkmal, wo er mit seinen Eltern und sieben Geschwistern unter dem Kreuz kniet, 20 und zum anderen auf seinem qualitativ weniger guten Grabdenkmal (Abb. 20). 21

Altäre zum Totengedächtnis

Das Monument für Erzbischof Wolfgang von Dalberg († 1601) 22 ist dann für rund 80 Jahre das letzte erzbischöfliche Grabdenkmal im Dom. Einerseits lassen sich die nachfolgenden Erzbischöfe vor den von ihnen gestifteten Altären bestatten, andererseits fiel im 17. Jahrhundert die Aufgabe für die Errichtung eines erzbischöflichen Grabdenkmals offensichtlich den Erben oder Testamentsvollstreckern zu, die dieser aber anscheinend nicht nachkamen. Auch Grabdenkmäler für andere Personen werden seltener; an ihre Stelle tritt der Epitaphaltar, der Retabel und Grabdenkmal in einem Monument vereinigt. Ein hervorragendes Beispiel dafür ist das älteste dieser Monumente, der Nassauer Altar aus dem Jahr 1601 (Abb. 63).

Letztes Standdenkmal

Das Grabdenkmal für den 1678 verstorbenen Erzbischof Damian Hartard von der Leyen 23 steht ikonographisch auf der Schwelle: Nach der jahrzehntelangen Pause bei der Anfertigung von Grabdenkmälern nimmt es diese Tradition wieder

56 *Überwindung des Todes: Reichsgraf Karl Adam von Lamberg († 1689)*

auf, greift aber zum letzten Mal auf den traditionellen Typus des Standgrabmals zurück. Geschaffen wurde es von dem mittelmäßigen Bildhauer Arnold Harnisch, von dem auch der vom gleichen Erzbischof 1676 gestiftete Laurentius-Altar 24 und das Grabdenkmal für den Landgrafen Georg Christian von Hessen († 1677) 25 stammen.

Barocke Befreiung aus dem Sarg

Eines der nicht sehr zahlreichen Grabdenkmäler für Laien im Dom wurde für den Reichsgrafen Karl Adam von Lamberg errichtet, der als Kommandant eines kaiserlichen Regiments bei der Belagerung der von den Franzosen besetzten Feste Mainz 1689 fiel. Sein Bruder beauftragte den Frankfurter Bildhauer Johann Wolfgang Frölicher mit dem Grabdenkmal. 26 Aus dem halbgeöffneten Sarkophag erhebt sich der Verstorbene zur Auferstehung (Abb. 56). Sein Leichentuch fällt dabei über den Sarkophagrand und enthüllt die in höchst kunstvoller Manier auf ihm befindliche Inschrift. Auf der rechten Seite hält ein Skelett als Personifikation des Todes den Sarkophagdeckel hoch, während es mit der anderen Hand einst mit einem Pfeil auf den Grafen zielte. Der Engel auf der linken Seite griff ursprünglich ebenfalls mit einer Hand an den Sarkophagdeckel, während er mit der anderen gen Himmel wies. Das heute von Tod und Engel gehaltene Wappen war im originalen Zustand weiter oben angebracht. Unterhalb des Sarkophags befindet sich ein Arrangement von Kriegsutensilien, die den Stand des Verstorbenen angemessen repräsentieren sollen. Frölicher schuf mit dem Lamberg-Epitaph das erste Grabdenkmal mit hochbarocker Thematik im

57 *Meditierender Erzbischof: Anselm Franz von Ingelheim († 1695)*

Mainzer Dom. Typisch dafür ist die allegorische Darstellung von Aussagen, wenn etwa das Skelett als Allegorie des Todes auftritt, das mit dem Pfeil dem irdischen Leben des Grafen ein Ende setzt, ihm dadurch aber erst die Auferstehung und damit Unsterblichkeit ermöglicht. Sinnfällig wird dies dadurch, daß der Tod selbst den Sarkophag öffnet, und durch den Engel, der gen Himmel und damit auf das ewige Leben weist.

Andacht im Liegen

Ebenfalls von Johann Wolfgang Frölicher stammt das Grabmal für Erzbischof Anselm Franz von Ingelheim († 1695). 27 Wie beim Lamberg-Epitaph griff der Künstler auf flämisch-französische Vorbilder zurück, hier auf den Typus des Liegegrabmals (Abb. 57). Damit wird der bis dahin in Mainz seit dem 14. Jahrhundert gebräuchliche Typus des Grabmals mit stehendem Erzbischof in Pontifikalgewändern aufgegeben. Der Erzbischof lagert mit aufgerichtetem Oberkörper auf dem Sarkophag, den fast vollständig das Bahrtuch mit der Inschrift verdeckt. Gekleidet in Albe, Chorhemd und Chormantel, liest er betend in dem von einem Putto gehaltenen Buch. Auf der linken Seite befindet sich ein Kruzifix auf einer Konsole. Ursprünglich hielt ein zweiter Putto hinter dem Erzbischof die Mitra, und ein Bischofsstab lehnte an der Draperie. Den Hintergrund bildet eine hohe Muschelnische mit Lambrequin-Vorhang, über dem ein geflügeltes Skelett das kurfürstliche Wappen hält. Die Todesallegorie ist hier in die Randzone des Grabdenkmals gerückt und erhält damit weniger Gewicht. Im Vordergrund steht die persönliche Andacht des Erzbischofs, ausgedrückt im Beten aus einem Buch sowie dem Ablegen aller Insignien. Durch das Kruzifix ist die Erwartung des Verstorbenen auf die Liebe Gottes und damit auf Erlösung präsent.

Großes Schauspiel

Das größte Grabdenkmal im Dom mit einer Höhe von 8,33 m und einer Breite von 4,73 m ist das für den Dompropst Heinrich Ferdinand von der Leyen zu Nickenich († 1714). 28 Es spiegelt allein schon in seinen gigantischen Ausmaßen (Abb. 58) den Reichtum der Dompropstei, die das bei weitem einträglichste Amt am Mainzer Dom war. Dies belegen bereits frühere Grabdenkmäler, so das dem Leyen-Denkmal gegenüberstehende für den Dompropst und Wormser Bischof Georg von Schönenburg († 1595), 29 das wegen seiner Ausmaße ebenfalls nur im Querhaus Aufstellung finden konnte (Abb. 49). Heinrich Ferdinand von der Leyen gab sein Grabdenkmal noch zu Lebzeiten 1706

58 *Dramatische Vorstellung: Dompropst Heinrich Ferdinand von der Leyen († 1714)*

(vermerkt auf dem Buch des Lebens des rechten Putto) in Auftrag und zwar an den Münsteraner Hofbildhauer Johann Mauritz Gröninger, der es zusammen mit seinem Sohn Johann Wilhelm, von dem unter anderem. die Gestalt des Chronos stammt, erstellte. Die Berufung des westfälischen Bildhauers erklärt sich aus der üblichen Zugehörigkeit der Domherren zu verschiedenen Domkapiteln; so saßen Münsteraner Domherren im Mainzer Kapitel, während von der Leyen selbst Mitglied des Domkapitels in Trier war, wo Gröninger 1701 und 1706 Arbeiten ausführte. Zwischen die portalartige Rahmenarchitektur, die eventuell in Zusammenarbeit mit Maximilian von Welsch entstand, ist eine mächtige Tuchdraperie gespannt, die von zwei Putten wie ein Vorhang zur Seite gerafft wird. Das Motiv des bühnenartigen Vorhangs ist doppeldeutig: Er senkt sich über einem zu Ende gehenden Schauspiel, dem Leben, enthüllt aber gleichzeitig den Dompropst in der Repräsentation seiner Persönlichkeit, seines Amtes und als Vertreter seiner Familie, wie auch die erst nach dem Tod von der Leyens 1714 verfaßte Inschrift kündet, und dient damit der Apotheose des Dargestellten. Ähnlich ambivalent ist die Bewegung des Dompropstes angelegt, der

59 Profil im Medaillon: Erzbischof Philipp Karl von Eltz († 1743)

in dem Moment des Hinkniens erfaßt ist, um den Gekreuzigten, auf den ein Putto hinweist, zu verehren. In dieser Bewegung hält er aber inne und wendet sich mit Kopfhaltung und Geste dem Betrachter zu, wodurch die Gestalt etwas Emporschwebendes erhält. Seitlich auf Postamenten stehen die Personifikationen von Zeit und Tod. Chronos mit der Sense präsentierte ursprünglich in der rechten Hand eine Sanduhr, Symbol für die verrinnende Lebenszeit, während das Skelett einstmals mit einem Pfeil in der rechten Hand auf den Dompropst zielte, derweil die Linke einen Bogen hielt. Zeit und Tod sind in der barocken Erbauungsliteratur ein wichtiges Paar; sie gelten als verbündete Feinde des menschlichen Lebens, da die Zeit dem Tod immer wieder neue Opfer zuführt. Hoffnung auf Erlösung findet der Mensch in der Hinwendung zu Gott, dargestellt im Niederknien des Propstes vor dem Gekreuzigten. Das Memento mori mit dem Angebot der Erlösung gilt nicht nur für den Dargestellten, sondern explizit auch für den Betrachter, da das Kreuz zu ihm gedreht ist.

Allegorie der Trauer

Das Motiv der bühnenhaften Tuchdraperie ist auch beim Grabdenkmal für Erzbischof Philipp Karl von Eltz († 1743) (30) verwandt, allerdings dem Zeitstil des Rokoko entsprechend ohne feste architektonische Rahmung (Abb. 59). Das Tuch wird von der geflügelten Figur des Chronos, dem antiken Gott der Zeit, gehalten und enthüllt das auf einem Sarkophag stehende Bildnis des Kurfürsten. Eine weinende weibliche Gestalt, die Personifikation des trauernden Kurstaats, hält sein Wappen. In der Sockelzone befinden sich unter einem geflügelten Totenkopf, sozusagen einer verknappten Personifikation des Todes, am Band die erzbischöflichen Insignien wie Mitra, Stab und Pallium. Es treten hier mit Chronos und Tod die gleichen Gestalten eines Memento mori wie beim Leyen-Grabmal auf, allerdings fallen die Personifikationen durch ihre Positionierung weniger ins Auge, und die Zeit ist gegenüber dem Tod hervorgehoben. Eventuell steht hinter der Komposition der Gedanke, daß in der Zeit nach dem Tod für die Nachwelt nur noch das Bild des Verstorbenen, vertreten durch das Porträtmedaillon, bleibt. Als Künstler ist der kurfürstliche Hofbildhauer Burkhard Zamels urkundlich überliefert, der das Grabdenkmal 1739-1741 noch zu Lebzeiten des Kurfürsten ausführte, wobei der Entwurf vom kurfürstlichen Oberbaudirektor Anselm Ritter zu Groenesteyn stammte. Typisch für Zamels ist die Überfülle des Gewandes, beispielsweise der trauernden weiblichen Gestalt, das in eckige, harte Falten gelegt ist. Ähnliche Merkmale weist das vom gleichen Künstler stammende Grabdenkmal für den Dompropst Hugo Wolfgang von Kesselstatt († 1738) (31) auf, bei dem Zamels zum ersten Mal ein Porträtmedaillon an einem Grabmal verwandte.

Bekrönungen des Chorgestühls

Weithin sichtbar an der Rückwand des Westchores und doch als Grabdenkmäler auf den ersten Blick kaum erkennbar sind die beiden Monumente der Erzbischöfe Johann Philipp († 1673) (32) und Lothar Franz († 1729) von Schönborn, (33) die Balthasar Neumann und Johann Wolfgang von Auvera 1738-1745 im Auftrag des Bamberger und Würzburger Fürstbischofs Friedrich Karl von Schönborn geschaffen haben. Die Denkmäler wurden wenig später geschickt in das großartige Rokoko-Chorgestühl (Abb. 61, 69) eingebunden. Sein Gesims vertieft sich vor ihnen, so daß die Inschriften lesbar blieben und die Grabdenkmäler selbst wie Bekrönungen des Chorgestühls wirken.

Pyramide der Unsterblichkeit

Für Mainz neue Motive zeigt das Grabdenkmal für den Dompropst Karl Emmerich Franz von Breidbach-Bürresheim († 1743). (34) Es wurde erst lange nach seinem Tod von seinem Neffen

Erzbischof Emmerich Joseph von Breidbach-Bürresheim 1775 in Auftrag gegeben (Abb. 60). Von der im Barock so geschätzten Kombination von Zeit und Tod ist nur noch die Zeit übriggeblieben und dies in einer veränderten Aussageabsicht: Das Haupt des sterbenden Chronos trägt das Monument als Konsole und ist damit als überwunden gekennzeichnet. Diese Tod und Zeit nicht mehr als schreckensvoll charakterisierende Sicht zeigt sich auch im übrigen Aufbau des Grabdenkmals. Über der Chronos-Konsole befindet sich ein Sarkophag, auf dem der Dompropst lagert. Hinter ihm erhebt sich eine mit seinen Wappen geschmückte Pyramide, Sinnbild der Unsterblichkeit, aber auch der Standhaftigkeit und der Tugend. Darüber erscheint die Dreifaltigkeit in Wolken, die die Summe des Glaubens verdeutlicht, durch den der verstorbene Dompropst seine Hoffnung auf Erlösung gründet. Christus ist in antikischer Manier, wie sie typisch für den Klassizismus ist, nackt dargestellt. Die Skulpturen am Grabmal schuf der Mainzer Hofbildhauer und spätere berühmte Porzellan-Modelleur Johann Peter Melchior, dessen feine Arbeit besonders am exzellenten Chronos-Kopf und am Antlitz des Dompropstes sichtbar wird.

Rückbesinnung auf das Mittelalter

Die Zeit um 1800 stellte eine einschneidende Wende in der Ausstattung des Domes dar. Bei den Grabdenkmälern orientierte man sich in den meisten Fällen an den mittelalterlichen Grabmonumenten. Erwähnenswert ist das Grabmal für Bischof Joseph Ludwig Colmar († 1818), **35** den von Napoleon eingesetzten Mainzer Bischof, der den geplanten Abriß des Domes verhinderte. Das Grabmal schuf 1834 Joseph Scholl, von dem noch weitere Grabdenkmäler im Dom stammen. Mit dem Segensgestus des Bischofs und dem Relief der Paulus-Predigt in Athen streicht es seelsorgerische Aspekte heraus. Bischof Wilhelm Emmanuel von Ketteler († 1877) erhielt ein Tumbengrab aus weißem Marmor. **36** Der Bischof liegt als Verstorbener mit geschlossenen Augen unter einem Spitzbogen; hier fand ein Rückgriff auf mittelalterliche Vorbilder, wie sie sich beispielsweise bei den Kölner Erzbischöfen finden, statt. Die Bischöfe des neuen Bistums Mainz sind in der Mehrzahl im Boden des Domes an verschiedenen Orten begraben. In den letzten

60 *Triumph über die Zeit: Dompropst von Breidbach-Bürresheim († 1743)*

Jahrzehnten wurden sie in schlichten Grabnischen in der 1925-1928 angelegten Krypta unter dem Hochaltar der Westvierung beigesetzt.

Kreuze, Altäre und Heilige im Dom

Altar im Schatten des Kreuzes

Wer heute das Langhaus des Mainzer Domes betritt oder hier einen Gottesdienst mitfeiert, dessen Blicke werden von einem großen Kreuz aus Bronze angezogen, das über dem Hochaltar in der Westvierung hängt (Abb. 61). Es wurde zur 1000-Jahr-Feier des Domes 1975 von Georg Zeuner aus Speyer geschaffen und gehört damit zu den jüngsten Ausstattungsgegenständen des Domes, auch wenn es in seiner stilistischen Anlehnung an romanische Vorbilder einen altertümlichen Eindruck erweckt.

Der Gekreuzigte aus Udenheim

Tatsächlich verfügt der Dom jedoch auch über sehr alte Kreuzesdarstellungen von hohem künstlerischem Wert. Eines der

61 *Weihrauch zu Ehren Gottes: Pontifikalamt unter dem Altarkreuz*

vielleicht ältesten Kunstdenkmäler im Mainzer Dom ist der Udenheimer Kruzifixus 37 in der Gotthard-Kapelle, die heute der stillen Andacht reserviert ist. Das Kreuz (Abb. 62) gehört nicht zum ursprünglichen Bestand des Domes, sondern wurde erst 1962 aus der Kirche im rheinhessischen Udenheim angekauft. Das monumentale Bildwerk zeigt den Gekreuzigten mit weit geöffneten Augen, einem nur leicht geneigten Haupt und einem kräftigen Körper mit dickem, stoffreichen Lendentuch. Auffallend sind die zwei Paare von Brustwarzen, ein älteres, plastisch geschnitztes, tiefer liegendes und ein durch runde Silberscheiben markiertes, höher sitzendes Paar. Auch die Seitenwunde ist doppelt vorhanden: Eine senkrecht stehende wurde verschlossen und die heute gut sichtbare waagerechte Wunde angebracht. Diese Beobachtungen haben dazu geführt, daß die Datierung des Kruzifixes derzeit umstritten ist. Einem Vorschlag zufolge wäre das Werk bereits in das 8. Jahrhundert in die Zeit des hl. Bonifatius zu datieren. Andere Vorschläge für eine Datierung aufgrund stilistischer Vergleiche plädieren für eine Entstehung im 11. Jahrhundert, um 1070, oder im 12. Jahrhundert, um 1140.

62 Kostbarkeit aus alter Zeit: Das Udenheimer Kreuz in der Gotthard-Kapelle

Kreuzigung in Dramatik und Trauer

Die Gestalt des gekreuzigten Erlösers steht auch im Zentrum einiger Altäre, die zum Gedächtnis bedeutender Persönlichkeiten errichtet wurden. Stellvertretend vorgestellt sei hierfür der Nassauer Altar 38 (ursprünglich St. Peter ad vincula, später St. Bartholomäus) von 1601, der sich noch an seinem originalen Aufstellungsort im nördlichen Querhaus befindet (Abb. 63). Er wurde für den kaiserlichen Rat Philipp von Nassau-Spurkenburg († 1582) und seinen Bruder, den Domherrn Heinrich († 1601), nach dessen Tod angefertigt. Das Haus starb damit aus, wie das auf dem Kopf stehende Wappen im obersten Altargeschoß signalisiert. Typisch für die Zeit ist die Vielteiligkeit des Monuments. Die wichtigsten Reliefs und Figuren des viergeschossigen Altars sind die große, figurenreiche Kreuzigung, Grablegung, Auferstehung, Himmelfahrt sowie die Apostelfürsten Petrus und Paulus und zwei Tugenden. Die Gruppen der trauernden Frauen und der Kreuztragung gehörten allerdings ursprünglich zu einem anderen Altar; von den einstmals in den Nischen knienden Nassauer Herren hat sich der Domherr wahrscheinlich im Scharfensteiner Altar 39 (Allerheiligen-

63 *Bildreiches Gedächtnis: Der Nassauer Altar (1601)*

kapelle, Abb. 45) erhalten. Offensichtlich kam es zu diesen falschen Zuweisungen anläßlich der Wiederherstellung der zum Teil schwer beschädigten Altäre zwischen 1828-1837. Der manieristische Stil der Zeit um 1600 läßt sich gut an der vielfigurigen Kreuzigung studieren: Die Figuren sind in komplizierten Bewegungen dargestellt, so der Schächer zur Rechten Jesu oder der vorderste Würfelknecht in Rückenansicht. Im Gegensatz zum aufgeregten Handeln der Personen auf der rechten Reliefhälfte, noch unterstrichen durch die mit wilden Masken besetzten Schilde der Soldaten, steht die linke im Zeichen verhaltener Trauer der Frauen und Johannes. Als Künstler kommt Johannes Juncker in Frage, der wohl wichtigste Bildhauer der ersten Hälfte des 17. Jahrhunderts in Mainz. Im Dom werden ihm, zum Teil in Zusammenarbeit mit anderen Künstlern wie Nikolaus Dickhardt (Dickert), noch das Grabmal des genannten Wolfgang von Dalberg 22 sowie der vom Domherrn Johann Theoderich Walbott von Bassenheim († 1610) gestiftete Bassenheimer Altar 40 zugeschrieben. Dessen Hauptrelief, die Geißelung Christi, zeigt die Kunstfertigkeit des Meisters in der Gestaltung freiplastischer Figuren, die sich vollständig vom Reliefgrund gelöst

64 *Geschnitztes Meisterwerk: Das Kreuz in der Sakramentskapelle*

haben. Neben Juncker und Dickhardt sei noch Georg Lipphardt genannt, von dem wohl die wichtigsten Teile des Grabmals für den Dompropst und Wormser Bischof Georg von Schönenburg († 1595) stammen (Abb. 49). 29

Kreuz aus Apfelholz

Einen guten Eindruck von der großzügigen und übersichtlichen Gestaltung der Altäre in der zweiten Hälfte des 17. Jahrhunderts kann man am heutigen Sakramentsaltar 41 gewinnen. Im mächtigen Eichenholzrahmen dieses vom Domdekan Johann von Heppenheim gen. von Saal 1657 gestifteten Kreuzaltars befindet sich einzig das großartige Bildwerk des Gekreuzigten (Abb. 64). Ursprünglich war es hinterfangen von einer gemalten Landschaft mit Jerusalem und dem Tempel unter einem verdüsterten Himmel. Der Altaraufbau ist nicht in Mainz entstanden, sondern in der Werkstatt von Johann Wolfgang Küchler in Würzburg, wie eine Rötelinschrift auf der Rückwand verrät. Das aus dem seltenen Apfelholz geschnitzte Kruzifix ist von exzellenter Qualität. Die langgestreckten Arme, die angespannten Muskeln und heraustretenden Adern, die realistische Durchnagelung der Hände sowie das erschöpft zur Seite gesunkene Haupt mit dem weit geöffneten Mund zeigen deutlich, aber nicht extrem die Leiden des Gekreuzigten. Das Holz war immer ungefaßt bis auf das zart aufgemalte Rot der Wundmale, so daß die Feinheit der Schnitzarbeit mit ihrer lebendigen Körperzeichnung voll zur Geltung kommt. Das Kruzifix wurde Mathias Rauchmiller zugeschrieben. Das Stifterdatum des Altars 1657 und der für 1669/70 bezeugte Aufenthalt Rauchmillers in Mainz decken sich aber nicht, so daß Rauchmiller als Künstler ausscheidet; es konnte bisher aber noch kein anderer Bildhauer als Schöpfer des Kruzifixes vorgeschlagen werden.

Einübung ins Sterben

Die wahrscheinlich auch vom Adalbert-Meister (vgl. S. 63) stammende, lebensgroße Grablegung Christi (Abb. 65) 42 stand ursprünglich in der 1793 abgebrannten Liebfrauenkirche und war eine Stiftung des Kanonikers Emicho von Breithardt. Bei diesem Ensemble sind die hinteren Figuren keine vollplastischen Freifiguren, sondern bestehen nur aus den Oberkörpern, die auf einer aufgemauerten Bank aufsitzen. Solche Skulpturengruppen waren im 15./16. Jahrhundert sehr beliebt und dienten dem meditativen oder liturgischen Nachvollzug des Sterbens Christi, waren Teil der Einübung in die Ars moriendi, die Kunst des Sterbens. Deshalb war

65 Ehrfurchtsvolle Trauer: Grablegung Christi von ungefähr 1495

die Grablegung ursprünglich bemalt, um noch lebensechter zu wirken. Auffällig ist die symmetrische, ausgewogene Anordnung der Figuren, die großflächige Faltengebung und die in Bewegung und Ausdruck maßvolle Charakterisierung der Personen. So ist beispielsweise Maria Magdalena nicht, wie oft üblich, mit extremem Trauergestus dargestellt, sondern mit Salbgefäß und nur durch die etwas modischere Kleidung - wie durch den das Haar freigebenden Schleier - gekennzeichnet.

Schöne Mainzerin in Bischofsbegleitung

Zu den besonders beliebten Andachtsorten im Mainzer Dom gehört heute die Kapelle mit Kettelergrab und Marienaltar (Abb. 66) 43 direkt neben dem Markteingang. Die holzgeschnitzte Muttergottes mit Kind in der Mitte des Altars wird im Volksmund „die Schöne Mainzerin" genannt. Neben ihr befindet sich ein hl. Martin und ein hl. Bonifatius. Die drei Figuren aus der Zeit um 1510-1520 befinden sich heute in einem von Bischof von Ketteler 1875 gestifteten Altarschrein mit neugotischen Flügelreliefs, deren Vorbilder sich im Hochaltar der Marienkirche von Gelnhausen (um 1500) finden. Die

66 Schönheit und Würde: Die Figuren des Marienaltars

Malereien der Werktagsseite (mit geschlossenen Flügeln) zeigen unter anderem den wegen seines Engagements für die Arbeiterschaft berühmten Bischof bei einer Prozession zur Segnung des neuerbauten Ostturms des Mainzer Domes (Abb. 22). Die höchst qualitätvollen Skulpturen der Feiertagsseite (innen) sind aller Wahrscheinlichkeit nach alter Besitz des Domes und gehörten eventuell zu den verlorengegangenen Altären von Matthias Grünewald. Die Identität ihres Schöpfers ist bis heute nicht geklärt: Die öfter vorgenommene Zuschreibung an Hans Backoffen läßt sich nicht halten; in vielen Punkten stehen sie der oberrheinischen Schnitzkunst und hier besonders Hans Wydyz nahe, der aber als Bildschnitzer nicht in Frage kommt. Die Kleidung der Figuren ist von bewegtem Faltenwurf, wobei bauschige Partien mit eng anliegendem Stoff kontrastieren. In raffinierter Weise fällt der Schleier Mariens über die lang herabwallenden Haare, zieht sich unter ihrem Arm hindurch und endet in Hüfthöhe in einem akzentuierten, abstehenden Faltenbausch. Das Kind greift mit der rechten Hand nach der ihm von seiner Mutter hingehaltenen Weintraube als Hinweis auf die Eucharistie, während es mit der linken einen Stieglitz hält, der ihm in den Finger pickt - ein Hinweis auf die Passion. Die beiden Heiligen sind in ihrer Haltung auf die Muttergottes ausgerichtet. Der hl. Martin ist über die auf seiner Mitra dargestellte Mantelteilung identifizierbar, während sich auf der Mitra des hl. Bonifatius der Schmerzensmann befindet.

Allerorts der heilige Martin

Kaum zu zählen sind die Darstellungen des hl. Martin im Mainzer Dom, die ihn entweder als Patron des Domes mit einem Modell des Gotteshauses in der Hand oder noch häufiger in der mildtätigen Geste der Mantelteilung zeigen. Die Darstellungen befinden sich an Portalen, Altären, Grabdenkmälern und Glocken. Besonders bekannt ist die weithin sichtbare Reiterfigur auf dem Dachsattel des Westwerkes (vgl. Bucheinband), die kleine Standfigur im gotischen Eingangsportal zur Memorie (Abb. 44) sowie die Bischofsfigur im Marienaltar (Abb. 66). Von beeindruckender Schlichtheit ist das Brustrelief des Dom- und Bistumspatrons im Tympanon eines heute vermauerten romanischen Domportals in der Memorie. Es stammt aus dem Anfang des 13. Jahrhunderts. Martin hält in der linken Hand ein Buch mit der lateinischen Inschrift: „Friede diesem Haus und allen, die darin wohnen." (Abb. 67) 44

Nur im Rahmen besonderer Führungen zugänglich ist die vollplastische Reiterfigur aus Stein in der Domsakristei (Abb. 68). 45 Sie ist über der Tür zu einer Kammer angebracht, in der sich früher der

67 Schutzpatron des Domes: Romanisches Portal in der Memorie

einst bedeutende Domschatz befand. Die Figur stammt aus der Zeit des Erzbischofs Berthold von Henneberg, in der dieser Teil der Sakristei (Abb. S. 126) vollendet wurde (1501). Reiches Rankenwerk ziert die Tür; zu den beiden Seiten stehen später entstandene Figuren des hl. Bonifatius und eines nicht sicher zu identifizierenden Bischofs.

St. Martin inmitten des Chorgestühls

Als dominierende Figur überragt der hl. Martin hoch zu Roß mit zwei Bettlern den durch Stufen und Baldachin hervorgehobenen erzbischöflichen Thron inmitten des Chorgestühls im Westchor. 46 Das Gestühl wurde in den Jahren 1760-1765 vom Mainzer Hofschreiner Franz Anton Hermann geschaffen und gilt als eines der schönsten Rokokogestühle (Abb. 69). Es gehört zu der Anzahl großer, von den Dimensionen alles Bisherige übertreffenden Chorgestühle des 18. Jahrhunderts, die sich mit Vorliebe die großen Klöster errichteten. In Mainz ist die übliche rechteckige Gestaltung aufgegeben zugunsten eines mächtigen Ovals in eleganten Formen mit wellenförmig auf- und abschwingendem Gesims, das von Atlanten (Abb. 50) getragen wird.

Das Chorgestühl besitzt kein aufwendiges theologisches Programm, sondern stellt in den Statuen und zahlreichen großen Wappen die „Herrlichkeit des Erzstifts Mainz" dar und hält die Auftraggeber, den Erzbischof Johann Friedrich Karl von Ostein sowie das Domkapitel der Jahre 1760/61, für die Nachwelt fest.

Neben dem hl. Martin sind weitere Statuen dem hl. Crescenz als angeblich erstem Mainzer Bischof, dem hl. Bonifatius als erstem Erzbischof in Mainz sowie dem hl. Willigis und dem hl. Bardo als Bauherren des Domes gewidmet. Am Baldachin des Thrones befindet sich das Wappen des Kurfürsten, seitlich des Thrones sind die Wappen der 13 Suffraganbistümer von Mainz, der vier kurfürstlichen Erzämter und der vier Erbämter angebracht, im Zusammenhang des umlaufenden Gesimses schließlich die Wappen der fünf Dignitäten des Domkapitels sowie der Domkapitulare.

69 Mainzer Gesamtkunstwerk: Stundengebet im Chorgestühl des Westchores

68 Umrahmt von goldenen Ranken: Die Martinsgruppe in der Sakristei

Großer Guß aus Zinn

Gleich zweimal dargestellt ist der heilige Martin mit dem Bettler auf dem Taufbecken (Abb. 70, 71), das heute im nördlichen Querhausarm steht. 47 Es wurde 1328 geschaffen und ist möglicherweise der größte Gegenstand, der jemals aus Zinn gegossen wurde (der Kupferdeckel stammt von 1804). Unter Bögen mit reichem Blendmaßwerk befinden sich jeweils zwischen zwei Engeln der thronende Christus und die Muttergottes mit dem Kind,

70, 71 Zur Spende neuen Lebens: Das Taufbecken mit Martinsrelief

die zwölf Apostel und eben der Bistumspatron. Die Inschrift am oberen Rand nennt als Gießer einen Meister Johannes aus Mainz und als Auftraggeber den Leiter des Domkapitels. Als solcher fungierte 1328 Johannes Unterschopf, einer der einflußreichsten Domdekane, unter dem die Macht des Domkapitels einen Höhepunkt erreichte. Das Taufbecken befand sich ursprünglich in der benachbarten Liebfrauenkirche, die als Taufkirche diente, da in einem Dom im Regelfall nicht getauft wurde.

Allerheiligen in der Ostkrypta

Im 20. Jahrhundert kamen nicht mehr viele Ausstattungsstücke für den Dom hinzu. Anläßlich der Wiederherstellung

72 Im Gewand zu Ehren des hl. Rabanus Maurus: Allerheiligenfeier in der Ostkrypta

73 Bonifatius und die Heiligen des Bistums Mainz: Altar und Schrein in der Ostkrypta

des Domes 1960 und des silbernen Bischofsjubiläums von Bischof Albert Stohr stifteten die Gläubigen des Bistums für die Ostkrypta einen Schrein (Abb. 73). In ihm werden die Reliquien von 22 im Bistum Mainz besonders verehrten Heiligen aus römisch-christlicher Antike, Mittelalter und Neuzeit aufbewahrt. Der Mainzer Goldschmied Richard Weiland schuf dieses Reliquiar, das trotz der vielen Details durch Strenge und Reduktion der Formen besticht. Am Fest Allerheiligen wird vor diesem Schrein ein besonders feierlicher Gottesdienst abgehalten, der in den Mitfeiernden das Bewußtsein der zeitübergreifenden kirchlichen Gemeinschaft mit allen bekannten und unbekannten Heiligen erneuert.

Hans-Jürgen Kotzur

Das Dom- und Diözesanmuseum

Treppen ins Mittelalter

Wer heute in die Gewölbehallen des Bischöflichen Dom- und Diözesanmuseums hinuntersteigt, steigt zugleich auch in die Tiefe der Vergangenheit. Wie alt diese Keller tatsächlich sind, hat man erst in den Jahren 1989/90 herausgefunden, als diese bis dahin als Stein- und Materiallager dienenden, 700 qm großen Anlagen in die Ausstellungsfläche des Museums einbezogen wurden. Der hintere Teil der Gewölbehallen, eine zweischiffige Anlage auf Mittelstützen mit Kreuzgratgewölbe, wurde bereits im Standardwerk von Rudolf Kautzsch und Ernst Neeb über den Mainzer Dom (1919) als mittelalterlich erkannt. Aber erst nach Abtragung einer ca. 1,5 m mächtigen Schuttschicht, die das ursprüngliche Niveau des Raumes wiederherstellte und die bis dahin verschütteten Pfeiler freilegte, wurde neben der ganzen Schönheit des Raumes auch seine Datierung in staufische Zeit, das heißt in die erste Hälfte des 13. Jahrhunderts, gewiß. Die östlich gelegene, flachgewölbte Tonne mit einer Spannweite von über 8,5 m bot eine Überraschung. Sie galt bis dahin als barock. Durch Freilegung der Baunaht konnte nun nachgewiesen werden, daß der rückwärtige Teil in den vorderen hineingebaut wurde und damit jünger ist. Das Tonnengewölbe, das noch die Spuren der originalen Verschalungsbretter erkennen läßt, wird ca. 100 bis 200 Jahre älter datiert und dürfte aus der ersten Hälfte des 11. Jahrhunderts, der Zeit der Erzbischöfe Willigis und Bardo, stammen.

Die Erschließung der früh- und hochmittelalterlichen Gewölbehallen bedeutet für das Museum den besonderen Glücksfall, die Hauptwerke des Museums, die Steindenkmäler aus dem frühen und hohen Mittelalter, in Räumen der stilentsprechenden historischen Epochen zeigen zu können. Mit Ausnahme des karolingischen „Christussteines" aus dem Reichskloster St. Alban und der sogenannten „Madonna aus der Fuststraße", die um 1250 wahrscheinlich für den Portalpfeiler der gotischen Augustinerkirche gearbeitet wurde, entstammen alle diese Werke dem Dom selbst oder seiner unmittelbaren Umgebung. Entsprechend der Datierung sind im vorderen Gewölberaum Skulpturen des frühen Mittelalters aufgestellt, während in der hinteren, zweischiffigen Halle fast ausschließlich Exponate aus frühgotischer Zeit zu sehen sind. Beide Räume wurden eingerötelt; dadurch kommen die grauen und sandsteinfarbigen Steinexponate besonders gut zur Geltung. Die Raumatmosphäre wird durch die in zurückhaltendem Design gehaltene Lichtanlage unterstrichen (Abb. 76).

Erzbischof unter Lorbeerzweigen

Eng mit dem Neubau des heutigen Domes, dem Nachfolgebau der 1009 am Tag ihrer Einweihung abgebrannten Bischofskirche des Erzbischofs Willigis (975-1011), ist der Name Erzbischofs Aribo (1021-1031) verbunden. Als Aribo auf einer Reise nach Rom gestorben war, wurde sein Leichnam nach Mainz überführt und im Westchor der noch unvollendeten Kathedrale bestattet. Das Grab wurde erst 1926/28 entdeckt, als man bei Fundamentierungsarbeiten den Boden des Domes öffnen mußte. Aribos Leichnam ruhte in einem mächtigen Steinsarkophag, dessen Deckel mit einem reliefierten Pallium geschmückt war, dem Zeichen seiner erzbischöflichen Macht. Die Identität des Verstorbenen ließ sich durch einen außergewöhnlich glücklichen Fund einwandfrei bestätigen: An der Hand trug der Tote noch seinen (eigens für das Grab angefertigten?) Bischofsring, in den Name und Titel eingraviert waren: ARIBO ARCHIEPS (Erzbischof Aribo). Wohl um den Leichnam vor Verwesung zu schützen, hatte man ihn mit Lorbeerzweigen bedeckt, die sich, wie Grabungsphotos belegen, bis in unser Jahrhundert gut erhalten hatten. Viel-

leicht ist es diesem Umstand zu verdanken, daß auch einige textile Überreste geborgen und restauriert werden konnten, etwa seine mit Goldfäden durchwirkte Stirnbinde. Binde und Ring werden in der neu eingerichteten Schatzkammer des Museums in der ehemaligen Nikolauskapelle der Öffentlichkeit zugänglich gemacht.

76 *Angemessener Rahmen: Die mittelalterlichen Gewölbe des Dommuseums*

Mittelalterlicher Lastenträger

Mit Betreten der zweischiffigen Halle aus staufischer Zeit, auf dem Weg vom sogenannten „finsteren" (Früh-) Mittelalter zum scholastisch „erhellten" Hochmittelalter, trifft man zunächst auf die eindrucksvolle Figur eines „Atlanten" (Abb. 77), der ehemals den Triumphbogen des Domostchores stützte. Er ist um 1250 entstanden und wird gemeinhin der Schule des Naumburger Meisters zugerechnet. Bereits in spätgotischer Zeit wurde der östliche Triumphbogen, der statisch bedroht erschien und Rißschäden aufwies, mit zwei Spitzbögen unterzogen und einem stützenden Mittelpfeiler unterfüttert, hinter dessen seitlichen Auflagern die Figur des Atlanten verschwand; so blieb sie jahrhundertelang vermauert. Erst im 19. Jahrhundert, als diese Anlage im Zuge des Neubaus des Ostturms entfernt wurde, kam sowohl der Atlant als auch sein Pendant, eine prachtvoll gearbeitete Säule mit einem klassischen Laubwerkkapitell, wieder zum Vorschein. Das Blattwerkkapitell ist nun links von diesem mittelalterlichen Lastenträger aufgestellt. Neueren Forschungen zufolge hatten Säule und Atlant ursprünglich wohl einen

77 *Von Last gebeugt: Atlant des Triumphbogens im Ostchor*

quer vor dem Ostchor verlaufenden Balken getragen. Ob auf ihm ein Triumphkreuz aufgestellt war, läßt sich heute nicht mehr mit Sicherheit feststellen.

Der Naumburger Meister

Fragmente des Westlettners

Das Nachbarjoch sowie die beiden darauffolgenden Joche nehmen Exponate auf, die zum Bedeutendsten gehören, was das Dom- und Diözesanmuseum Mainz, aber auch die deutsche Skulptur der Gotik zu bieten haben: die Fragmente vom ehemaligen Dom-Westlettner, der um 1240 vom sogenannten „Naumburger Meister" geschaffen wurde. Der Lettner trennte als Chorschranke den Bereich, der den Klerikern vorbehalten war (den Westchor des Domes), von dem der Laien (das Langhaus). Er dürfte in wesentlichen Teilen bereits 1239 fertiggestellt gewesen sein, als der Dom nach umfangreichen Umbau- und Renovierungsarbeiten in Anwesenheit des Kaisers und zahlreicher Bischöfe neu geweiht wurde.

Mit diesem Lettner hält eine neue, bis dahin in Mainz, aber auch im übrigen deutschen Königreich noch weitgehend unbekannte Stilrichtung Einzug: die Gotik. Der Naumburger Meister bringt neueste französische Formen mit nach Mainz, deren Kenntnis er sich auf den Bauplätzen der großen französischen Kathedralen, in Noyen, Metz und vor allem in Reims, erworben hatte. Stil und Form, Bildinhalt und -aussage des Lettners wirkten derart innovativ, daß sie bis in die Zeit um 1300 immer wieder zum Vorbild genommen wurden, so unter anderem für den auch heute noch erhaltenen Lettner der Marienkirche in Gelnhausen oder die Figuren vom Portal der Mainzer Liebfrauenkirche. Nach dem Mainzer Auftrag, der sicher einige Jahre in Anspruch genommen hatte, arbeiteten der Meister und seine Werkstatt an der Burgkapelle in Iben, bevor er sich nach Osten aufmachte, um sein Hauptwerk, das ihm seinen heutigen Notnamen gab, zu schaffen: Lettner und Stifterfiguren im Chor des Naumburger Domes. Mit diesen Figuren, insbesondere dem berühmten Stifterpaar Uta und Eckehard, entstehen die wichtigsten und eindringlichsten Skulpturen der deutschen Gotik. Sein Frühwerk, die figürliche Gestaltung des Mainzer Lettners, ist nicht nur ein bedeutender Auftakt hierzu; es steht den Naumburger Figuren in Expressivität und Dramatik nicht nach.

Der Mainzer Lettner war eine dreischiffige Anlage mit großen, zum Langhaus hin sich öffnenden Portalen. An seiner hinteren Wand ermöglichten zwei Treppentürme, die heute noch vor Ort stehen - wenn auch ein wenig zur Seite gerückt - den Aufgang zu einer Bühne. Hier fanden liturgische Lesungen und Gesänge statt. Seit dem 16. Jahrhundert kam es aufgrund eines neuen Raumempfindens und als indirekte Folge einer stärkeren Teilnahme der Laien an der heiligen Messe zu einer Beseitigung von Lettnern. In Mainz geschah dies 1682. Während die wichtigsten figürlichen Teile an anderer Stelle wiederverwendet wurden, gelangten die meisten Bruchstücke als Fundamentierung der neuerrichteten barocken Choretten in den Boden des Westchores, wo sie bei den Bauarbeiten 1926/28 wiedergefunden wurden.

Zwischen Seligkeit und Verdammnis

Der Lettner war reich mit Skulpturen geschmückt. Die eigentliche figurale Zone verlief oberhalb der Portale. Im Giebel des Mittelportals war eine Deesis dargestellt: Christus als thronender Weltenrichter wird flankiert von den beiden knienden Fürbittern, Maria und Johannes dem Täufer, welcher deutlich an seinem Attribut, dem nach innen gewendeten Fell, zu erkennen ist (Abb. 79).

Rechts und links der Giebelmitte schlossen zwei Reliefs an: auf der linken Seite - und damit, wie in der Bibel gefordert, zur Rechten Gottes - die Seligen, rechts die Verdammten.

78 Gegenstück der Seligen: Die Verdammten des Westlettners

Die Auswahl der Seligen (Abb. 74) entspricht der Ständeordnung des Mittelalters: Allen voran schreitet der Papst, erkennbar an der damals üblichen kegelförmigen Tiara; ihm am nächsten, im Hintergrunc, steht ein Bischof mit Mitra. Es folgen der gekrönte Kaiser sowie ein lachender Knabe, der als eines der von Christus gesegneten „unschuldigen Kindlein" für das Paradies bestimmt ist. Auch die Auswahl der Verdammten (Abb. 78) auf der gegenüberliegenden Seite entspricht dem üblichen ständischen Denken des hohen Mittelalters. Von vornherein für die Hölle bestimmt sind nach damaliger Vorstellung die Juden, deren Vertreter ganz links an dem charakteristischen Hut, wie er diesem Volk aufgezwungen wurde, zu erkennen ist. Gerade am Mittelrhein, in Speyer, Worms, aber auch in Mainz, kam es seit dem ersten Kreuzzug (1096-1098) immer wieder zu grausamen Judenpogromen, bei denen Tausende getötet wurden. Auch die Bischöfe, in deren Schutz sich die Juden des öfteren begaben, vermochten nur wenig gegen die fanatisierten Massen auszurichten. Auf den Juden folgt, im Vordergrund, eine Figur mit fehlendem Arm, die vielleicht einen Geldsack trug und gemäß ähnlichen Darstellungen als Geiziger interpretiert werden kann. Als nächstes erscheint eine modisch gekleidete Frau, die sich, wie die Pracht ihrer Kleider vermuten läßt, einer der sieben Todsünden, der Eitelkeit, schuldig gemacht hat. Aber weder die Furcht vor der hier dargestellten ewigen Verdammnis noch die im Mittelalter immer wieder erlassenen Kleiderordnungen waren in der Lage, die Prunksucht wirksam einzudämmen. Es folgen verschiedene Mönche aus den noch jungen, dem Amtsklerus verdächtigen Bettelorden, die deshalb ebenfalls für die Hölle bestimmt schienen. Alle zusammen werden sie von einem Teufel, dessen Gesicht noch erhalten ist (nun in der Vitrine links), an einer (ergänzten) Kette wohl in den Rachen der Hölle gezogen.

79 Erbarmen beim Weltgericht: Fragment des Westlettners

Leidender Weltenrichter

Neben seiner hohen Qualität zeichnet sich der Mainzer Lettner noch durch eine ikonographische Besonderheit aus. Erstmalig in der Geschichte der Christusdarstellungen reißt sich der richtende Gottessohn demonstrativ das Gewand auf und entblößt seine Seitenwunde (Abb. 79). Diese ausdrucksstarke Geste verweist auf den Menschen Christus. Sie mildert die Strenge des unnahbaren Richters, indem sie der göttlichen Gerechtigkeit auch das Wissen um die menschliche Schwäche hinzufügt. Die Unterseite von Christi Thron ist mit einem Blattfries geschmückt, der den Lebensbaum verkörpert. Es war deshalb nicht möglich, diesen Block auf einen festen Sockel zu stellen. Nur von wenigen Eisendübeln gehalten, schwebte er frei vor dem Giebel - eine technische Meisterleistung, die den hohen Rang des Naumburger Meisters unterstreicht.

Blätter, Fratzen, Farben

Vom Lettner selbst sind Hunderte von Bruchstücken, meist Architekturfragmente, erhalten. Dies mußte bei der Aufstellung berücksichtigt werden. So sind neben den wichtigsten figürlichen Teilen Blattmaske, Teufelsfratze, Königskonsole in den Vitrinen links und dem Engel mit Kreuzesstamm rechts auch repräsentative Architekturglieder ausgestellt: Basen, Kapitelle, Teile des Vorhangfrieses, Baldachine etc. Sie alle zeichnen sich durch erhebliche Reste der originalen Farbfassung aus. Der Erhalt der Bemalung ist bei frühgotischer Plastik äußerst selten und in diesem Fall wohl nur durch den vergleichsweise frühen Abriß des Lettners zu erklären.

Bemerkenswert ist darüber hinaus die von Komplementärkontrasten bestimmte Farbigkeit. Diese Buntfarbigkeit könnte mit der Dunkelheit des romani-

schen Domes begründet werden, in der es zum Zeitpunkt der Entstehung des Lettners die großen lichtspendenden Fenster der erst um 1300 entstandenen Seitenkapellen noch nicht gab.

Rätselhaftes Antlitz

Die heute berühmteste Skulptur des Ensembles befand sich aber nicht außen, sondern im Inneren des Lettners. Es handelt sich um den sogenannten „Kopf mit der Binde", das Fragment einer Gewölbefigur, deren expressiv leidender Gesichtsausdruck den Betrachter besonders zu fesseln vermag (Abb. 80). Diese Gewölbefigur war im Mitteljoch des Lettners, im Durchgang zwischen Langhaus und Chor, in das Kreuzrippengewölbe integriert. Durch einen Bericht des Domherren Jakob Christoph Bourdon aus dem Jahr 1727 sind wir über diese Figur gut unterrichtet. Er schreibt: „... im Lettner und im Ausgang aus dem Chore oben am Gewölbe eine menschliche Figur, die Arme und Beine in Kreuzesform ausstreckte und sehr alt war. Sie hielt in der Hand eine Waage und in der linken zwei Krüge mit einem Schriftband. Mit dem rechten Fuß trat die Gestalt auf einen Drachen, mit dem linken auf einen Löwen."

Von dieser Skulptur haben sich zwei weitere Teile erhalten: ein nicht ausgestelltes Kniefragment sowie das größere Bruchstück eines Ober- und Unterarmes (an der Wand rechts), das durch seine mitangearbeitete Kreuzrippe den architektonischen Gesamtzusammenhang gut erkennen läßt.

Die Deutung der Figur ist umstritten. Die einen sehen in ihr Adam, der durch den Sündenfall die vier Kardinaltugenden verloren hat und darüber trauert. Eine politisch-historische Deutung erkennt in der Gestalt ein Sinnbild der Königssalbung, die im Mainzer Dom stattfand. Bei dieser Zeremonie lag der deutsche König ähnlich wie die Gewölbefigur mit kreuzförmig ausgestreckten Armen und Beinen am Boden, das Gesicht nach unten gewendet. Die Figur könnte also auch den umstrittenen Anspruch des Mainzer Erzbischofs auf die Salbung des deutschen Königs augenfällig machen. Einige Forscher gehen sogar so weit, in dem Kopf ein Porträt Kaiser Friedrichs II. zu sehen.

Reste gotischer Pracht

Die beiden hochgotischen Steinretabel am Ende der Gewölbehalle erlauben uns einen seltenen, aber prachtvollen Einblick in die ansonsten weitgehend verlorene Ausstattung des hochgotischen Domes. Es handelt sich um zwei Retabel, die zwischen 1300 und 1320 für die neuerbauten Seitenkapellen des Mainzer Domes geschaffen worden waren. In späterer Zeit abgerissen und als Baumaterial vermauert, wurde das eine im 19. Jahrhundert, das andere erst im Jahr 1959 wieder aufgefunden.

Bei dem einen Altaraufsatz (Abb. 81), der aus der Michaelskapelle stammt, handelt es sich um ein aus sechs Steinplatten bestehendes Gemälde, das in Mischtechnik ausgeführt wurde. Christus als Richter sitzt zwischen den beiden Fürbittern, seiner Mutter Maria und Johannes dem Täufer. Zu Christi Füßen knien der Stifter des Altars, Simon von Schöneck, 1283-1291 Bischof von Worms, und sein Bruder Embricho, der später ebenfalls als Bischof von Worms amtierte (1303/4-1318). Beide Kleriker sind sehr viel kleiner dargestellt, um so die menschliche Niedrigkeit im Angesicht Gottes deutlich zu machen. Die seitlich abgebildeten Heiligen, darunter als zweiter von links der hl. Martin, Patron des Mainzer Domes, sind Zeugen des Gerichtes.

Das zweite Steinretabel aus der Allerheiligenkapelle des Domes kennzeichnet richtungsweisend bereits eine Entwicklung, die das Altarretabel im 14. und 15. Jahrhundert nehmen sollte. Es besteht aus einzelnen Maßwerknischen, die nur wenige Jahrzehnte später, um 1340, im Hochaltarretabel von Oberwesel zu Schreinen erweitert wurden, in denen Reliquien aufgenommen werden konnten. Die seitlichen Maßwerknischen unseres

81 *Christus in der Mandorla: Gotischer Altaraufsatz*

Retabel stellen eine Vorform von Altarflügeln dar, die einen solchen Schrein verschließbar machen würden. Die großen vielteiligen Flügelaltäre der Spätgotik finden hier einen ihrer frühesten Prototypen.

Minnesänger im Domkreuzgang

Wer die Dichtkunst des Mittelalters liebt, wird es nicht versäumen, im Domkreuzgang das Grabdenkmal Heinrichs von Meißen (ca. 1250-1318) zu besuchen, auch wenn die originale Grabplatte 1774 aus Unkenntnis zerstört und 1783 durch eine Nachbildung ersetzt worden ist. Sie befindet sich im Ostflügel des Erdgeschosses. Heinrichs Mariendichtungen, die

82 *Letztes Geleit: Grabrelief Frauenlobs*

in erhabenen Worten die Schönheit und Tugend der Gottesmutter preisen, hatten dem Dichter den heute noch geläufigen Beinamen „Frauenlob" eingetragen und waren wohl auch der Grund für die besondere Ehre einer Bestattung im Domkreuzgang. Dem Relief im unteren Teil der Grabplatte zufolge haben Frauen den Sarg des Dichters zu Grabe getragen (Abb. 82); der obere Teil der Platte zeigt ein mittlerweile stark verwittertes Brustbild Heinrichs.

Ersatzheimat religiöser Kunst

Wie an vielen anderen Orten wurde auch in Mainz erst im 19. Jahrhundert im Erdgeschoß des Kreuzgangs (Abb. 83) ein Lapidarium, eine Steinsammlung, eingerichtet. 1925 kam es unter Einbeziehung der Kapitelsäle - übrigens bis in unser Jahrhundert der traditionelle Ort der Bischofswahlen durch das Domkapitel - zur offiziellen Gründung und Eröffnung des Museums. In den folgenden Jahr-

83 *Neue Heimat alter Steine: Der Domkreuzgang*

zehnten wurden nach und nach das Kreuzgangobergeschoß sowie der sogenannte „Henneberg-Bau" dem Museum eingegliedert, so daß insgesamt ungefähr 2.000 qm für die Schausammlungen zur Verfügung standen.

Das Bischöfliche Dom- und Diözesanmuseum Mainz zeigt in seinen Räumen religiöse Kunst aus nahezu zwei Jahrtausenden: Dazu gehören Skulptur und Malerei ebenso wie Textilien, Schatzkunst, Buchmalerei oder Objekte aus dem Bereich der Volksfrömmigkeit, nicht nur aus dem Dom und seinem Umkreis, sondern aus dem gesamten Bistum.

Aufgrund der zunehmenden Gefahr von Diebstahl und Vandalismus, vor allem aber wegen der gestiegenen Anforderungen an die konservatorischen Bedingungen vor Ort müssen immer mehr Kunstobjekte aus den Pfarrgemeinden in das Museum übernommen werden. Darum wurde in den vergangenen Jahren die bislang vorhandene Ausstellungsfläche um weitere rund 1.000 qm vergrößert. Neu hinzu kamen neben den mittelalterlichen Gewölbehallen auch die Nikolauskapelle und deren Sakristei am Westflügel des Kreuzgangs, wo künftig der Domschatz gezeigt wird.

Bewahrung, Sicherung und ästhetische Präsentation der Kunstgegenstände - das sind die Aufgaben eines Museums. Um zu neuem Leben zu erwachen und ihre Aussagekraft zu entfalten, braucht die religiöse Kunst jedoch vor allem den aufmerksamen Blick und aufnahmebereiten Geist ihrer Betrachter.

Hermann Reifenberg

Liturgie im Dom

Haus Gottes, einst und jetzt

Viele Besucher des Mainzer Domes sind schon auf den ersten Blick beeindruckt vom gewaltigen Gesamtbauwerk mit seinen Türmen und dem wohlüberlegten Konzept. Im Innern bewundern sie die vielfältige Raumgliederung und die reichhaltige Ausstattung, staunen über Einzelheiten der architektonischen Konstruktion und künstlerischen Gestaltung und hören mit Interesse von der bewegten kirchlichen und politischen Geschichte des Domes.

Den tiefsten Sinn einer Kirche kann man jedoch nur erfahren oder zumindest erahnen in ihrer Bestimmung als Stätte des Gottesdienstes. Denn dafür wurde sie gebaut, das ist ihre eigentliche Aufgabe: Versammlungs- und Gebetsraum der Gemeinde und ihrer Liturgie zu sein. Sie ist das Haus Gottes, in dem er in besonders dichter Weise gegenwärtig und den Menschen nahe ist. Dies gilt natürlich auch für den Mainzer Dom als Kathedrale, das heißt als Bischofskirche der Diözese Mainz. Deshalb hat der Dom seine primäre Bedeutung nicht als Zeugnis der Vergangenheit, sondern in seiner beständigen Hinordnung auf ein vielfältiges religiöses Geschehen hier und jetzt. Jede Generation hat sowohl den Raum als auch die Gestalt des Gottesdienstes gemäß ihren eigenen Formen der Frömmigkeit und des künstlerischen Stils umgestaltet, ohne daß darum die Identität des Glaubens und des Gotteshauses verlorengegangen wäre. Insofern ist der Dom auch ein eindrucksvolles Bindeglied zwischen damals und jetzt, und ein Blick in die Geschichte seiner Liturgie lehrt uns viel über den Reichtum des kirchlichen Lebens.

Zeitreisen sind uns leider nicht möglich, um die Gottesdienstformen früherer Jahrhunderte sinnenhaft zu erleben. Wir müssen uns darum weitgehend mit den schriftlichen Dokumenten der Vergangenheit, also den alten liturgischen Büchern und Kalendarien, behelfen. Doch wer die Liturgie der Kirche in der Gegenwart aus eigenem Erleben kennt und die Vorstellungskraft aktiviert, kann durchaus ein lebendiges Bild vom liturgischen Leben der Vergangenheit und daraus wiederum ein tieferes Verständnis für das kirchliche Leben der Gegenwart gewinnen.

Mainzer Liturgie im Wandel der Zeit

Bei aufmerksamer Lektüre der Bibel stellen wir fest, daß die gemeinschaftliche Feier des Gottesdienstes zu den wichtigsten Lebensäußerungen einer Gemeinde gehört. Jesus, auf den sich die christliche Liturgie gründet, steht dabei einerseits in der Tradition seines Volkes Israel, die uns besonders im Alten Testament entgegentritt. Andererseits hat er aber auch in seinem Leben und Wirken, in seiner Verkündigung und in seinen Gesten neue Anstöße gegeben und ein Vermächtnis hinterlassen, das sich später in den christlichen Gemeinden in reicher Weise entfaltete.

Verschmelzung mit den Kulturen

Auf dieser Basis baute das junge Christentum „aus Juden und Heiden" relativ eigenständig weiter. Was dabei bedeutsam ist: Dort wo neue Gemeinden entstehen, gesellen sich auch dem Gottesdienst neue Elemente zu, in denen sich etwas vom jeweiligen Lebensraum und der Kultur der Menschen spiegelt. Die Fachsprache nennt diese Entwicklung „Inkulturation". So entstanden in der christlichen Geschichte vorwiegend zwei Hauptentwicklungsströme: die östliche (orientalische) und die westliche (okzidentale) Liturgie, die sich jeweils noch in verschiedenen Vollzügen und Gestalten (Riten) verästelt. Sie besitzen eine eigene Prägung der Grundkonzeption des Gottesdienstes, aber auch anderer typischer Elemente wie Sprache, Gesang, Musik, Haltung, Gesten und Gebärden sowie Zeremonien. Dies alles zeigt sich ebenso bei der Gestaltung von Kirchen, deren Ausstattung, liturgischen Geräten und Gewändern.

Ausstrahlung im frühmittelalterlichen Abendland

Die Eigenentwicklung der Mainzer Liturgie erfolgte generell im Rahmen des genannten westlichen Ritus, wobei man in den ersten Jahrhunderten zwar eine verläßliche mündliche Überlieferung liturgischer Formen, aber keine einheitlich feststehende Form besaß. Belege für die Gestaltung des Gottesdienstes, besonders literarischer Art, sind dann aus dem Vorfeld des Mittelalters erhalten. Daraus ergibt sich, daß Mainz im Strahlungsfeld zweier Ausprägungen der abendländischen Liturgie steht, nämlich des altgallischen Typs (Frankenreich) und des römischen Ritus (Italien, Nordafrika). Aufschluß über die grundlegenden Feiern liefert speziell die in dieser Zeit allmählich entstehende Buchgattung „Sakramentar". An markanten Faktoren sind zu nennen: Altgallische Kultur, Ausbreitung der Franken in deren Gebiet (Taufe Chlodwigs um 496), irische Mission (Columban † 615) sowie die angelsächsische Glaubensverkündigung (Bonifatius † 754).

Da aber im früheren Mittelalter die Gebräuche sich immer mehr auseinanderlebten, blickte man in manchen Ortskir-

86 *9. Jahrhundert: Titelseite des Sakramentars aus St. Alban*

chen mehr und mehr auf Rom als Hort und Einheitszentrum des Glaubens. Besonders Karl der Große (742-814) drängte aufgrund seiner Einheitsvision von Königtum, Religion und Liturgie auf eine möglichst einheitliche Form und erbat sich vom römischen Bischof ein authentisches Sakramentar. Da dieses unvollständig war und auch spezifische römische Situationen berücksichtigte, wurde dieser Text ergänzt und überarbeitet (Sacramentarium Gregorianum-Hadrianum). So entstanden verschiedene Mischformen.

Für die Folgezeit ist dabei wichtig, daß Mainz zum entscheidenden Brennpunkt des kirchlichen Lebens in Deutschland aufsteigt und seine Gottesdienstgestaltung entsprechend ausstrahlt. Dies geht vor allem darauf zurück, daß diese Stadt zum Sitz von Winfrid-Bonifatius wurde und unter dessen Nachfolger Erzbischof Lul (754-786) für lange Zeit Mittelpunkt einer großen Kirchenprovinz (bis zu 18 Diözesen). Bedeutsam ist dabei die Mainzer Benediktinerabtei St. Alban mit ihren weitreichenden Beziehungen und ihrer wichtigen Schreibschule, von der wertvolle liturgische Handschriften erhalten sind. Eigens genannt sei das heute noch in der Bibliothek des Mainzer Priesterseminars aufbewahrte „Sacramentarium Gregorianum - Codex Moguntinus" aus dem 9. Jahrhundert (Abb. 86)

Liturgische Eroberung Roms

In der Übergangsphase zum Hochmittelalter lassen sich in verstärktem Maß eigenständige Ansätze greifen, die schließlich zu einem im engeren Sinn Mainzrömischen Ritus der Liturgie führen. Als markanter Beleg kann das ebenfalls in der Abtei St. Alban um 950 zusammengestellte Römisch-deutsche Pontifikale gelten, das speziell für die Weiterentwicklung von Stundengebet, Messe, sakramentlichen Feiern sowie des Kirchenjahres von großem Gewicht ist. Es fand nämlich nicht nur im Mainzer Umfeld Verwendung, sondern gelangte mit den Italienzügen deutscher Bischöfe und Herrscher, besonders Kaisers Otto I., auch nach Rom und wurde so - ergänzt durch andere Quellen - Basis der sogenannten Fränkisch-römischen Mischliturgie.

Der sich stabilisierende Mainz-römische Ritus beruht zwar auf den überlieferten römisch-fränkischen Vorlagen (z.B. Sakramentar), bietet jedoch Sonderformen für alle Gottesdienstgattungen wie Stundengebet, Messe, Sakramente und Sakramentalien. Eine weitere Sonderform ist die Konzeption eines Eigenkalenders, der durch spezielle Anlässe (z.B. Kirchweihe) und Heilige des heimischen Raumes geprägt wird.

Diese Mainz-römische Ritensammlung wurde in der Folgezeit ebenfalls weiterentwickelt, und vieles davon hat weite Teile der abendländischen Welt und besonders auch Rom selbst erobert. Das 11. Jahrhundert ist auch die Zeit, in der die Bedeutung der Abtei St. Alban zurückgeht und vom neuen Dom in Mainz (Einweihung 1036) als geistiger Mittelpunkt abgelöst wird.

Vielfalt und Einheit der Domliturgie

So spielt fortan die Kathedrale als maßgeblicher Entstehungsort der liturgischen Ordnungen und als Strahlungszentrum

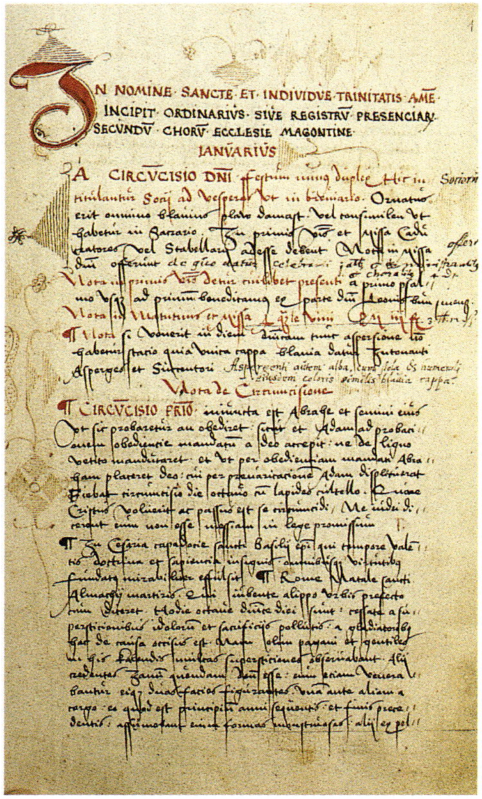

87 Um 1500: Titelseite des Liber Ordinarius

eine entscheidende Rolle. Dies betrifft nicht nur die Formulare des Gottesdienstes, sondern ebenfalls den Vorbildcharakter des Kirchenraumes sowie seiner Teilbezirke. Die Fülle der liturgischen Bedürfnisse für Erzbischof, Domkapitel, Pfarrgottesdienste und die gottesdienstliche Feier hoher Staatsakte des Reiches finden im Dom einen geordneten, räumlichen Ausdruck. Dies zeigt sich auch bei den einzelnen liturgischen Handlungen: Die Meßfeier verlangt beispielsweise eine andere Umgebung als die Taufe; Prozessionen bewegen sich im Inneren des Domes, aber auch in Kreuzgang und Kreuzgarten, zu Kapellen oder besonderen Gedenkstätten. Dabei ergeben sich beim Vergleich der romanischen mit der gotischen Stilepoche noch spezielle Varianten. Erinnert sei an die Funktion des ehemaligen Lettners als Verkündigungsort, der Seitenkapellen und der Grabdenkmäler.

Die in Mainz erfundene Druckkunst (um 1450) wurde sehr früh für die Liturgie nutzbar gemacht. Dies führte dazu, daß auch im Dom die Handschriften nach und nach von Drucken abgelöst wurden. Ferner ergab sich durch die neue technische Errungenschaft die Möglichkeit, mittels standardisierter und preisgünstiger Ausgaben eine stärkere gottesdienstliche Vereinheitlichung im Bistum zu verwirklichen. Ein vortreffliches Bild zeitgenössischen Feierns vermittelt der „Liber Ordinarius" um 1500, eine speziell für den Dom zusammengestellte Handschrift, die ebenfalls zu den Schätzen der Bibliothek des Priesterseminars gehört (Abb. 87).

Reformen der Renaissance

Klagen über Mängel der offiziellen Liturgie, ihre für die meisten Gemeindeglieder unverständliche lateinische Sprache sowie Impulse von Synoden und den Reformatoren verstärkten in der ersten Hälfte des 16. Jahrhunderts in erheblichem Maß den Ruf nach Verbesserungen. Ein erstes beachtliches Zeugnis innerdiözesaner Revision ist das 1551 erschienene Rituale für den Vollzug der Sakramente und Sakramentalien. Sowohl die Neugestaltung der Formulare als vor allem die darin enthaltenen volkssprachlichen Partien, speziell die muttersprachlichen Predigtmodelle, sind ein Zeichen, daß die Rufe nach Reformen Gehör gefunden hatten.

Eine neue Etappe ergibt sich durch die Beschlüsse des Konzils von Trient (1545-1563). Mainz gehörte zu den traditionellen Sprengeln, in denen das Recht der Liturgiehoheit stärker und noch länger blieb (abgesehen vom seit 1596 allgemein verbindlichen Pontificale Romanum), und so konnten Verbesserungen weiterhin in eigener Verantwortung vorgenommen werden. Die Stufe der daraufhin erscheinenden Editionen von Stundengebetbuch (1570), Meßfeier (1602) und Rituale (1671) wird deshalb als „Reformierter Mainz-römischer Ritus" bezeichnet.

88 *Von 1742: Titelseite des Römisch-mainzischen Meßbuchs*

Tridentinische Muster und deutsche Lieder

Ein Blick in die noch immer eigenständigen Mainzer Liturgiebücher am Anfang der Barockzeit ergibt, daß sich inzwischen der Reformierte Mainz-römische Ritus eingebürgert hatte. Daneben bemerkt man in der zweiten Hälfte des 17. Jahrhunderts nicht nur weitere Bemühungen zur Verbesserung, sondern auch verstärkte Tendenzen zur Vereinheitlichung bzw. Angleichung an die Tridentinischen Musterausgaben. So fand in Dom und Diözese Mainz für das Stundengebet (1665) und die Meßfeier (1698) der Tridentinisch-römische Ritus Eingang. Die Mainzer Eigenfeiern wurden jeweils in einem Proprium zum Brevier und Missale ediert. Im Zusammenhang damit erfolgte auch eine Revision des Alt-Mainzer Chorals. Speziell für den Domgottesdienst wurden entsprechende große Chorausgaben mit Noten geschaffen, und auch die musikalische Gestaltung der Liturgie wurde dem Zeitgeschmack angepaßt.

Eine besondere Stellung erlangten in dieser Phase die Kirchengesangbücher. Im Gegensatz zum lateinischen Brevier und Missale enthielten diese nämlich umfangreiches deutsches Gebetsgut und vor allem volkssprachliche Lieder zur Verwendung im Gottesdienst. Besonders genannt sei das Mainzer Cantual von 1605. Das

89 Altar im Westen: Hochgebet mit Bischof, Weihbischöfen und Domkapitel

Rituale erfuhr ebenfalls eine Revision. Die Ausgaben von 1671, 1695 und 1696 bewegen sich jedoch noch im eigenverantwortlichen Strom des reformierten Mainz-römischen Ritus und enthalten zudem beachtliche deutsche Partien.

Zwischen Eigenrecht und Zentralisierung

Die um 1750 verstärkt greifbaren Züge der philosophischen Aufklärung beeinflußten auch Theologie, Liturgie und Pastoral. Auf liturgischem Feld sind vor allem die lobenswerten Bemühungen zur Verlebendigung des Gottesdienstes, Bevorzugung verständlicher Formen, nachhaltige Förderung der Volkssprache samt entsprechenden Ordnungen zu nennen. Während diese Aspekte vor dem Hintergrund der oft überladenen Barockkultur verständlich sind, ist der mitunter stark pädagogisch-moralisierende Trend weniger vorteilhaft, da er zu Lasten echter Feierlichkeit ging. Stimmen, die stärker auf die Tradition pochten, gab es auch in Mainz, etwa betreffs des offiziellen Gesangbuchs von 1787. Doch hat dieses Werk eine Entwicklung forciert, die sich als richtig erweisen sollte. Dies gilt besonders hinsichtlich der deutschen Gebete, Gesänge, Andachten und Modelle nach dem Vorbild des Stundengebetes (Vesper; Komplet). Die Grundordnung der Meßfeier - nach der letztmals erschienenen Eigenausgabe des Missale Romano-Moguntinum von 1742 (Abb. 88) - blieb weiterhin gewahrt. Das Streben nach einer generellen Verbesserung des Stundengebetes führte jedoch, mitbedingt durch die verworrene politische Situation um 1800, nicht zu einer entsprechenden Buchedition. Im Bereich der Sakramente und Sakramentalien (Rituale) wurden zahlreiche neue Vorschläge entwickelt und praktiziert. Die handschriftlich oder teilweise gedruckt vorliegenden Unterlagen gründeten vielfach auf privater Approbation. In dieser turbulenten Zeit geriet auch gottesdienstlich manches aus den Fugen.

In den folgenden Jahrzehnten des 19. Jahrhunderts beobachten wir einerseits Bestrebungen, die Verständlichkeit der Liturgie weiter zu fördern und der Landessprache mehr zu ihrem Recht zu verhelfen. Dafür sei auf die beiden Ritualien von 1852 und 1889 sowie die Tätigkeit der Mainzer Kleriker Christoph Moufang und Markus Adam Nickel verwiesen. Andererseits meinten in Mainz manche Kreise - nicht zuletzt vor dem Hintergrund der Auseinandersetzungen um den sogenannten Ultramontanismus, das Erste Vatikanische Konzil und den

Kulturkampf in Deutschland -, der bessere Weg sei eine weitere Vereinheitlichung im Anschluß an Rom, auch im Bereich von Liturgie und Choral.

Vertiefungen und Erneuerungen

In dieser spannungsreichen Zeit gegen Ende des 19. Jahrhunderts entstanden jedoch - sowohl in katholischen als auch protestantischen Zirkeln - ebenfalls beachtenswerte „fortschrittliche" Impulse auf gottesdienstlichem Gebiet, die (später) mit den Bezeichnungen „Liturgische Bewegung" bzw. „Liturgische Erneuerung" bedacht wurden. Sie führten im 20. Jahrhundert zu erstaunlichen Entwicklungen, und auch im Mainzer Bistum gab es markante Pioniere. Unter ihnen ragt Romano Guardini (mit seinen Freunden Adam Gottron und Karl Neundörfer) am meisten hervor, der als Kaplan an Mainzer Pfarreien wirkte und in diesen Jahren an seinen nachhaltig einflußreichen Büchern „Vom Geist der Liturgie" (1918) sowie teilweise „Von heiligen Zeichen" (1922/23) schrieb. Die Liturgische Bewegung beginnt zu wachsen, nicht zuletzt auch durch die Verbindung mit der Abtei Maria Laach und mit der Jugendbewegung. Dies alles führte in Mainz auch zur Belebung des Domgottesdienstes sowie insgesamt zu einer neuen Wertschätzung der Liturgie in den Gemeinden, was sich zum Beispiel in einem häufigeren Kommunionempfang niederschlug.

90 Altar im Osten: Vesper des Domkapitels

Der Erste Weltkrieg brachte zwar manches zum Stillstand, ließ andererseits aber neue Ansätze aufkommen. Genannt seien ein neues Mainzer Rituale (1928) für die Spendung der Sakramente und Sakramentalien und ein verbessertes Diözesangesangbuch (1935). Während der Amtszeit des für die Gottesdienstreform auch im Bereich der Fuldaer Bischofskonferenz wichtigen Mainzer Bischofs Albert Stohr (1935-1961) erschien 1950 ein weithin zweisprachiges Rituale für das gesamte deutsche Sprachgebiet (Deutsch-römischer Ritus). Erwähnenswert sind ferner das neue Diözesangesangbuch (1952) sowie eine umgestaltete Fronleichnamsordnung.

Die vielversprechenden Ansätze zur Verlebendigung der Liturgie im Blick auf eine volle, bewußte und aktive Mitfeier aller Teilnehmer erhielten weitere Impulse durch die Beschlüsse des Zweiten Vatikanischen Konzils (1962-1965) samt der darauf folgenden Revision gottesdienstlicher Bücher, an der der Mainzer Bischof und spätere Kardinal Hermann Volk beteiligt war. Die für das gesamte deutsche

Sprachgebiet zugelassenen Grundausgaben erhielten in Mainz durch revidierte Proprien für die Eigenfeiern von Messe und Stundengebet die zugehörige Ergänzung.

Das seit 1965 generell zu den liturgischen Texten zählende Gesangbuch erfuhr durch ein für das gesamte Sprachgebiet unter Mitwirkung des Mainzer Priesters Josef Seuffert erarbeitetes Werk („Gotteslob") im Jahr 1975 eine weitere Aufwertung. Es wird jeweils durch diözesane Eigenanhänge (Proprien) ergänzt. Hinsichtlich der musikalischen Gestaltung vieler liturgischer Vollzüge der Nachkriegszeit waren Schöpfungen des Mainzer Komponisten Heinrich Rohr (1902-1998) weit über das Bistum hinaus prägend.

91 Zum Einsatz bereit: Aussendung von Gemeindereferentinnen

Die Schäden des im Krieg in Mitleidenschaft gezogenen Mainzer Domes waren inzwischen nicht nur beseitigt, vielmehr wurden Bauwerk und ebenso der Domgottesdienst auch den neuen Erkenntnissen und veränderten Erfordernissen angepaßt. Damit konnte die Gestaltung der Domliturgie im Sinne der konziliaren Reformanliegen verantwortungsbewußt und vertieft durchgeführt werden. Dabei war nicht nur die Domgemeinde als Pfarrei im Blick, sondern auch eine gewisse Vorbildfunktion der Gottesdienste im Mainzer Dom für das ganze Bistum und darüber hinaus.

Der Dom im Schnittpunkt seiner Aufgaben

Eine Besonderheit des Domgottesdienstes sind seine Träger, also die Beteiligten. Neben der Dompfarrei dient die Kathedrale nämlich auch als Bezugszentrum der Bistumsgemeinde. Grundsätzlich ist der Diözesanbischof der Vorsteher der Liturgie. Da die Gestaltung des Gottesdienstes in das spezielle Aufgabenfeld des Domkapitels fällt, treten hier auch Weihbischöfe bzw. Domdekan, Kapitulare und Präbendate in Aktion und viele andere Mitgestalter der Liturgie zum Beispiel im Bereich von Wortverkündigung und Musik.

Eine weitere Eigentümlichkeit ist die Gestaltung der Gottesdienste gemäß dem Verlauf des Kirchenjahres. Neben dem Konzept der Gesamtkirche (Generalkalender), den Eigenheiten des deutschen Sprachgebietes (Regionalkalender) sowie des Bistums (Diözesanproprium) gibt es in der Kathedrale nämlich noch spezifische Eigenfeiern (Domkalender). Genannt seien die Domkirchweihe (4. Juli) sowie für das Bistum wichtige sakramentale Handlungen (z.B. Bischofs-, Priester-, und Diakonenweihe).

Schließlich setzt das Element „Raum" im Dom eigene Akzente, etwa in Form einer unterschiedlichen Nutzung von Ost- und Westchor, Haupt- und Seitenschiffen, Kapellen, Krypten, Choretten (Emporen), Kreuzgang und Kreuzgarten. Von beachtlicher Wirkung bei der Liturgie ist auch die Ausstattung des Domes in seinen wichtigsten Funktionsorten wie Chor, Altarbereich und Kirchenschiff sowie den spezielleren Funktionszentren wie Vorstehersitz (einschließlich Kathedra des Bischofs), Altar, Verkündigungsorten (Kanzel, Ambo) und Taufbecken - um nur einige zu nennen. Auch die liturgischen Geräte und Bücher sowie die Gewänder (Paramente), die für die heutige Liturgie zum Teil neu gestaltet wurden, tragen zum Gesamtbild der Liturgie bei. Früher war im Mainzer Dom eine eigene Farbenordnung (z.B. blau bei Bekennerfesten) üblich, die noch an alten, vielfach wertvollen Gewandungen erkennbar ist.

92 Gewandeltes Brot: Fest der Einsetzung der Eucharistie am Gründonnerstag

93 *Hingabe in die Nachfolge Jesu: Priesterweihe vor dem Hochaltar in der Westvierung*

Reichtum der Domliturgie

Fest der Sinne

Die genannten prägenden Faktoren fließen zusammen in der Gestalt der Liturgie, also ihren konkreten Formen. Dabei spielen im Gottesdienst - wie überhaupt bei menschlicher Kommunikation - die Sinnesbereiche eine maßgebliche Rolle, um das Verkündigungsgeschehen mitzuteilen und aufzunehmen. Unter den fünf Sinnen kommt dabei dem akustischen (Sprechen, Hören) und dem optischen (Bewegungen, Gesten, Farben, Blumenschmuck) entscheidende Bedeutung zu. Doch auch der Sinnbereich des unmittelbaren Kontakts (Handauflegungen, Friedensgruß, Salbungen), des Riechens (Weihrauch) und des Schmeckens (Mahlhalten) tragen dazu bei, daß die Heilsbotschaft den Menschen mit Leib und Seele erreicht.

Diese sinnenhafte Vielgestaltigkeit im Mainzer Dom sei an einigen Beispielen aus den verschiedenen Gattungen gottesdienstlichen Handelns belegt.

Dienst am Wort

Der Wortgottesdienst im weitesten Sinn wird maßgeblich durch die Bestandteile Predigt, Lesung, Gebet und Gesang/Musik sowie zahlreiche Zwischenformen und Schmuckelemente geprägt. In der Domliturgie ist dabei ein Typ besonders markant: das Stundengebet (Chorgebet, Brevier). Gegenüber dem biblischen Ideal „Siebenmal am Tag und in der Nacht will ich Gott preisen" (Ps 119,62.148.164), das heute noch in Klöstern Anwendung findet, werden in der Stiftsliturgie des Domes heute am häufigsten die Terz am Vormittag und die Vesper am Nachmittag (Abb. 32, 69, 90) gehalten, und zwar entsprechend der Bedeutung des jeweiligen Festes mit unterschiedlicher Feierlichkeit. Während der Karwoche sind zusätzlich Lesehore und Laudes üblich.

Eigene Predigtgottesdienste haben speziell in der Advents- und Fastenzeit ihren Platz. Dazu kommen Andachten, freigestaltete Wortgottesdienste, Gebetsstunden (z.B. „Großes Gebet") sowie Feiern bei besonderen Gelegenheiten. Darüber hinaus sind Konzerte sakraler Musik, die sich thematisch oft an das liturgische Jahr anlehnen, eine Möglichkeit, über die Gottesdienstgemeinde hinaus viele Menschen zu erreichen.

Stationen des Heils

Die im engeren Sinn sakramentliche Liturgie mit ihren traditionell sieben Zeichen nimmt im Dom ebenfalls einen bedeutsamen Rang ein. Sie bildet ein besonders dichtes Umfeld der Begegnung zwischen Gott, der Gemeinde und den einzelnen Gläubigen und ist das wichtigste Medium zur Bildung und zum Wachstum des Volkes Gottes.

Dies gilt zunächst von der Eucharistiefeier (Abb. 89, 92), die zahlreiche Gestaltungsformen und Variationen aufweist, etwa: Pontifikalamt, Stiftsgottesdienst (Amt oder Messe) sowie Domgemeindegottesdienst. Dazu kommen weitere variable Akzente und Abstufungen je nach Anlaß und Festgrad. Erwähnt sei auch die Erstkommunionfeier der Dompfarrei. Die Spendung der Taufe, für die ein prächtiges Taufbecken zur Verfügung steht (Abb. 70, 71), gehört mehr in das Wirkungsfeld von Dompfarrer und Domgemeinde. Ähnliches gilt für die Feier der Versöhnung in Form von Bußgottesdiensten oder Einzelbeichten sowie für Trauungsfeiern, die von den Brautleuten gern in der Gotthard-Kapelle gewünscht werden. Eine typische Funktion hat die Kathedrale für die Firmung, heute besonders auch von Erwachsenen. Sie ist außerdem Vollzugsort der Weihe eines Bischofs sowie von Diakonen und Priestern (Abb. 93) durch den Diözesanbischof oder die Weihbischöfe bei Anwesenheit vieler Vertreter des diözesanen Klerus. Auch Beauftragungs- bzw. Aussendungsfeiern für die neueren pastoralen Berufe (Abb. 91) sowie für die Religionslehrer und Religionslehrerinnen finden hier statt.

94 *Gebeugte Knie: Eucharistische Anbetung*

Gesegnete Welt

Erwähnung verdient auch das liturgische Handeln in Form von Sakramentalien, das eine besondere Prägung durch das Visuelle erfährt. Dazu gehören zum Beispiel die Segnungen von Personen oder Gegenständen. Davon sind - dem Kirchenjahr folgend - die Kerzensegnung (Darstellung des Herrn), der Blasiussegen (3. Februar) sowie die Segnung der Asche zu Beginn der Österlichen Bußzeit und die Palmweihe am Palmsonntag sowie Segens- und Weihehandlungen der Osternacht zu nennen.

Eine Eigentümlichkeit der Kathedrale ist die in der Karwoche bei der sogenannten „Missa chrismatis" vorgenommene

Benediktion des Katechumenenöls, des Krankenöls und des Chrisams für die Tauffeiern, Krankensalbungen und Firmungen im gesamten Bistum. Während früher diese „Chrisam-Messe" am Morgen des Gründonnerstag weitgehend nur in Anwesenheit des Klerus und weniger Gottesdienstbesucher gefeiert wurde, kommen heute zu Beginn der Karwoche Dekane, viele Pfarrer und hauptamtlich in der Seelsorge Tätige sowie zahlreiche Firmkandidaten und Jugendliche aus den Gemeinden der ganzen Diözese, die nach diesem Gottesdienst die geweihten Öle in ihre Gemeinden bringen - ein Symbol für die Einheit des Bistums und ein gutes Beispiel für eine gelungene Neugestaltung eines alten Brauches.

Wege im Dom

An Prozessionen bzw. Umgängen sind zunächst die unterschiedlichen Formen des Ein- und Auszugs der Zelebranten und ihrer Assistenz (z.B. die Alumnen des Priesterseminars und des Domchors) zum Gottesdienst zu nennen.

Bei dieser Gelegenheit sei ein kleiner Seitenblick gestattet auf die beiden Uniformträger, die an den Sonn- und Feiertagen den Ein- und Auszug des Klerus anführen, bei Prozessionen voranschreiten und ansonsten im Kirchenschiff für einen ungestörten Verlauf des

95 Zeichenhafter Dienst: Fußwaschung am Gründonnerstag

Gottesdienstes sorgen: die Domschweizer (Abb. 42, 116). Schon seit dem Mittelalter lassen sich für den Mainzer Dom solche „Domstäbler" nachweisen; in der jetzigen Ausprägung gehen Dienst und Uniform jedoch auf Anordnungen von Bischof Joseph Ludwig Colmar aus dem Jahr 1804 zurück, als die Franzosen auf das Leben in Mainz starken Einfluß nahmen. Bis heute sind die Domschweizer ein beliebtes Motiv sowohl für literarische und filmische Werke über Mainz (vgl. z.B. Carl Zuck-

96 Kargheit des Karfreitags: Niederwerfung vor dem leeren Altar

mayer, Die Fastnachtsbeichte, 1959) als auch für die Fastnacht und vor allem für die Fotoapparate der Touristen.

Die Domschweizer schreiten auch bei den Prozessionen in und um den Mainzer Dom voran, zum Beispiel am Fest der Darstellung des Herrn (2. Februar), am Palmsonntag, an Fronleichnam sowie beim Totengedenken im November an den Gräbern in den Krypten sowie im Kreuzgang und Kreuzgarten.

Dramaturgie des Kirchenjahres

Die sogenannte szenische Liturgie wird durch eine betont dramatische Gestaltungsweise geprägt und war in früherer Zeit (beispielsweise an Weihnachten und Ostern) noch reicher als in der Gegenwart. Heute ist sie im Dom vor allem bei den „klassischen Feiern" der Karwoche wichtiger Bestandteil, zum Beispiel am Palmsonntag (Darbietung der Leidensgeschichte Jesu Christi mit verteilten Rollen), am Gründonnerstag (Fußwaschung, Abb. 95), Karfreitag (musikalisch gestalteter Vortrag der Johannespassion, Kreuzverehrung) und in der Osternacht (Osterfeuer mit Entzündung der Osterkerze und den Kerzen der Gemeinde, Abb. 97). Außerdem begegnen freier gestaltete szenische Einlagen oft bei besonderen Feiern bestimmter Personengruppen wie zum Beispiel von Kindern, Jugendlichen (z.B. „Nacht der Versöhnung") und Familien.

Martinsfest damals und heute

Der Gedenktag des hl. Martin († 396), des Patrons von Dom und Bistum Mainz, wurde stets als großes Fest begangen (11. November). Einige wesentliche, doch auch unterschiedliche Akzente ergibt ein Blick auf zwei verschiedenartige Epochen.

Im erwähnten Liber Ordinarius um 1500 hat das Martinusfest den höchsten Rang, die Festfarbe war blau wie an allen Bekennertagen. Eingeladen waren auch die Kanoniker und Gemeinden der übrigen Stiftskirchen mit je eigenen Aufgaben. Das Stundengebet umfaßte am Vortag die Vesper und Komplet, am Tag selbst die Lesehore (Nokturn) und alle damals üblichen Gebetszeiten. Höhepunkt war die besonders festlich gestaltete Eucharistiefeier. Verschiedene Prozessionen, die reichliche Verwendung von Weihrauch

97 Überwindung der Finsternis: Kerzenerleuchteter Einzug in der Osternacht

und den besten Gewändern sowie ein differenziertes Glockengeläut setzten besondere „dramatische" Akzente an diesem Tag, dem sich eine ganze Festwoche (Oktav) anschloß.

Trotz manchen Stilwandels lassen auch die Richtlinien heutiger Zeit erkennen, daß Liturgie am Festtag des hl. Martin durch gepflegte Sinnenhaftigkeit besondere geistliche Impulse vermitteln will. Der Gottesdienst am Patronatsfest umfaßt zwei Hauptblöcke: am Morgen die festliche Terz und ein Pontifikalamt, gestaltet als Konzelebration unter Mitwirkung von Gemeinde, Orgel, Chor und Dombläsern. Am Nachmittag feiert man die Pontifikalvesper in ähnlicher Weise. Den Abschluß des Feiertages bildet in letzter Zeit gelegentlich ein neuer Bestandteil, nämlich ein Domkonzert.

Domliturgie zwischen Bewahrung und Wandel

Aufmerksame Mitfeier der Liturgie in der Kathedrale sowie ein nachhaltiger Blick auf die reiche Zahl und Vielfalt ihrer Formen in Vergangenheit und Gegenwart ergeben, daß Dom und Domgottesdienste eng zusammengehören und sich gegenseitig erhellen. Ebenso deutlich belegen die unterschiedlichen Stilarten von Feier und Bauwerk, daß sich im Christentum seit jeher Tradition und Dynamik, Bewahrung und Wandel eng durchdringen.

Gabriela Krombach

Lebendiges Zentrum der Kirchenmusik

Klang in die Weite

Wer zum Gottesdienst in den Dom kommt, wird schon vor Betreten des Gotteshauses feierlich empfangen durch das mächtige Geläut der Domglocken, die in einem für den jeweiligen Anlaß festgelegten Zusammenspiel weit über die Mainzer Innenstadt hinweg erklingen. Die vier ältesten Glocken - Martin-, Joseph-, Marien- und Bonifatiusglocke - stammen aus dem Jahr 1809 und sind ein Geschenk Napoleons. Sie wurden vom Mainzer J. Zechbauer aus Kanonenrohren gegossen, die von den Franzosen in der Schlacht bei Jena und Auerstädt erobert worden waren. 1960 erhielten sie Gesellschaft vom Quartett der Albertus-, Willigis-, Bilhildis- und Liobaglocke. Die Pflege der Glocken ist ein Teil der vielfältigen Aufgaben im Umkreis der Sorge um die kirchliche Klangwelt.

Reicher Schatz der Kirchenmusik

Gemäß jahrhundertealter liturgischer Tradition sollen die Kathedralkirchen in der Pflege der Kirchenmusik vorbildlich sein. Diese Aufgabe erfüllen am Hohen Dom zu Mainz drei Chöre (Domchor, Domkantorei St. Martin, Mädchenchor am Dom und an St. Quintin), ein Orchester, eine Bläsergruppe und der Domorganist. Sie sehen es als ihre vordringliche Pflicht an, die Stifts- oder Kapitelsgottesdienste musikalisch zu gestalten, um damit „die heiligen Riten mit größerer Feierlichkeit zu umgeben" und „das Gebet inniger zum Ausdruck zu bringen", wie in den Dokumenten des Zweiten Vatikanischen Konzils zu lesen ist.

„Musikalische Gottesdienste" finden während des Stiftsjahres (Anfang Oktober bis Ende Juli) an fast allen Sonn- und Festtagen statt und umfassen Stiftsterz, Stiftsamt und Vesper. Hinzu kommen Gottesdienste zu außerordentlichen Anlässen wie Besuchen auswärtiger geistlicher Würdenträger oder Versammlungen kirchlicher Institutionen. An Hochfesten werden die Pontifikalgottesdienste des Bischofs auch musikalisch besonders ausgezeichnet.

Das musikalische Repertoire besteht aus Gregorianischem Choral, deutschem Liturgiegesang und mehrstimmiger Musik von der Renaissance bis zur Gegenwart. Beschränkt sich die Musik in Terz und Vesper in der Regel auf lateinischen oder deutschen Psalmengesang, so ruht in den Pontifikal- und Stiftsämtern die musikalische Gestaltung auf mehreren Säulen: Gregorianischer Choral, mehrstimmige Musik, deutscher Liturgiegesang und Kirchenlied. Die gesungenen Texte stehen dabei in engem Bezug zu den Gebeten und Lesungen des jeweiligen Tages.

Eine Besonderheit im Mainzer Dom bilden die feierlichen lateinischen Vespern mit sakramentalem Segen an den hohen Festen des Kirchenjahres, in denen die Psalmen und das Magnificat im Wechsel zwischen Gregorianischem Choral und sogenannten Falsibordoni-Sätzen (mehrstimmigen Psalmton-Modellen des 16. Jahrhunderts) sowie Sakramentsmotetten älterer oder neuerer Meister erklingen.

Liebgewonnene Traditionen

Im Laufe der Zeit haben sich eine ganze Reihe von liebgewonnenen Gewohnheiten herausgebildet, die den einzelnen Stationen des Kirchenjahres nicht nur liturgisch, sondern auch musikalisch ein eigenes Gesicht verleihen. Fällt die Adventszeit musikalisch eher bescheiden aus, so bildet das Weihnachtsfest einen ersten Höhepunkt, beginnend mit der Christmette am Heiligen Abend und dem vorangehenden Weihnachtsliedersingen des Domchores, das viele hundert Menschen aus der näheren und weiteren Umgebung in den Dom lockt. Nach dem gregorianischen Introitus *Puer natus est nobis* und der *Missa Papae Marcelli* von Palestrina im Pontifikalamt des ersten Weihnachtstages singen die Knaben und jungen Männer des Domchores mit besonderer Freude zu

100 *Vorgeschmack der Weihnachtsfreude: Adventsbeleuchtung um den Dom*

101 Übung macht die Meister: Probe des Domchores

102 Den Hirten nach: Besuch an der Domkrippe von Friedel und Hans Knobloch, entstanden 1955-1967

Beginn der Vesper das *Adeste fideles* des Regensburger Kirchenmusikers Carl Thiel.

Der Neujahrstag, an dem das pünktliche Erscheinen zum Stiftsamt vielen kleinen und größeren Sängern sicher nicht leicht fällt, ist geprägt von dem siebenstimmigen *Ave Maria* von Anton Bruckner und dem schlichten, aber innigen Satz *Segne und behüte* ebenfalls von Carl Thiel. Nachdem mit Maria Lichtmeß der Kreis weihnachtlicher Feste endgültig beschlossen wurde und die auch musikalisch karge Österliche Bußzeit sich dem Ende zuneigt, bilden die Karwoche und das Osterfest liturgisch und musikalisch den Höhepunkt des Kirchenjahres. Nach dem Palmsonntag, den die Chorknaben alljährlich vor Palmweihe und Palmprozession mit Palestrinas *Pueri Hebraeorum* eröffnen, folgen das Gründonnerstagsamt

103 *Musikalisches Ereignis: Chor- und Orchesterkonzert im Dom*

mit der Fußwaschung, die von Maurice Duruflés *Ubi caritas et amor* begleitet wird, und die eindrucksvollen Offizien der Karwoche, die sogenannten „Finster-metten" oder *Tenebrae* am Mittwochabend und am frühen Morgen des Karfreitags mit den choraliter vorgetragenen Lamentationen sowie den mehrstimmigen Responsorien von Ingegneri oder Gesualdo, jeweils ausklingend mit dem choraliter oder mehrstimmig gesungenen *Christus factus est pro nobis*. Im Mittelpunkt der Karfreitagsliturgie stehen die Johannes-Passion von Heinrich Schütz oder Hermann Schroeder und während der Kreuzesverehrung die Improperien, die Klagelieder des Gekreuzigten, in der Vertonung von Palestrina.

Die Osternacht findet aufgrund der späten Stunde ohne Chorgesang statt.

Das Pontifikalamt am Ostersonntag bildet, auch musikalisch, den Höhepunkt des Kirchenjahres (Abb. 89). Es ist der einzige Tag, an dem im Mainzer Dom eine Orchestermesse von Haydn, Mozart, Beethoven, Schubert, Bruckner oder anderen erklingt. Hinzu kommen das gregorianische Graduale *Haec dies quam fecit Dominus*, das auch in den Offiziumsgottesdiensten der Ostertage

104 *Harmonie der Sinne: Zusammenspiel von Farbe, Klang und Raum*

mehrfach wiederkehrt und die Sequenz *Victimae paschali laudes*. Der ganze Osterjubel wird am Ende des Pontifikalamtes zusammengefaßt im *Halleluja* von Georg Friedrich Händel.

Selbstverständlich werden auch die übrigen hohen Feste wie Christi Himmelfahrt, Pfingsten und Fronleichnam mit feierlichen Ponitifikalgottesdiensten begangen, doch ist die kirchenmusikalische Gestaltung dieser Tage weniger fest an ein bestimmtes Repertoire gebunden. Am Beginn des neuen Stiftsjahres und am Ende des Kirchenjahres stehen das Allerheiligenfest mit der Prozession zum Allerheiligenschrein in der Ostkrypta des Domes (Abb. 72, 73) und das besonders populäre Martinusfest, des Patrons von Dom und Bistum, mit der einzigen mehrstimmigen deutschen Vesper.

Domkonzerte als Publikumsmagnet

Neben der reichen musikalischen Gestaltung der Gottesdienste üben seit nunmehr über zehn Jahren die regelmäßig stattfindenden Domkonzerte unter Mitwirkung aller Ensembles sowie gelegentlich von Gastchören und -orchestern eine große Anziehungskraft aus (Abb. 103, 104). In ihnen werden neben großen Kompositionen der Kirchenmusik, die im Gottesdienst nicht oder nur selten Platz finden können, Werke aus dem Bereich des geistlichen Oratoriums aufgeführt. Auch hier sehen sich die Ausführenden nicht nur als Musiker, sondern auch im Dienste der Verkündigung des christlichen Glaubens. So steht neben der musikalisch niveauvollen Aufführung großer Meisterwerke vor allem die eindringliche Darstellung der geistlichen Texte im Vordergrund. Die überwältigend große Zahl von Zuhörern, die den Dom oft bis auf den letzten Stehplatz füllen, und die Resonanz auf diese Konzerte zeigen, daß die Bereitschaft zur Auseinandersetzung mit geistlichen Inhalten größer ist, als vielfach angenommen wird - auch bei Menschen, die sonst nicht zu den regelmäßigen Gottesdienstbesuchern gehören.

Das Repertoire der Domkonzerte umfaßt die kirchenmusikalischen und oratorischen Werke von Monteverdi und Gabrieli über Bach und Händel, Haydn, Mozart, Beethoven, Schubert, Mendelssohn, Bruckner, Brahms und vieler anderer bis hin zu zeitgenössischen Kompositionen, beispielsweise des in Mainz lebenden Volker David Kirchner, dessen *Missa Moguntina* bei ihrer Uraufführung weit über Mainz hinaus großes Echo fand und auch vom Fernsehen übertragen wurde. Aber auch Werke weniger bekannter Komponisten wie Rheinberger, Herzogenberg oder der einstmals in Mainz wirkenden Breunich, Zach und Righini finden Platz in den Programmen der Domkonzerte. Soweit es sich bei diesen Aufführungen nicht um A-Capella-Konzerte handelt, liegt, wie auch bei der Orchestermesse am Ostersonntag, die Begleitung meistens in Händen des Domorchesters, das sich vorwiegend aus Mitgliedern der umliegenden Rundfunk- und Theaterorchester zusammensetzt.

Chöre am Mainzer Dom

Domchor mit Tradition

Das älteste und traditionsreichste Ensemble am Mainzer Dom ist der aus Knaben und jungen Männern bestehende Domchor, dessen Geschichte bis ins Jahr 1866 zurückreicht. Zwar hat es seit dem 13. Jahrhundert nachweislich Sänger und Instrumentalisten am Mainzer Dom gegeben, die von einem Domkapellmeister angeführt wurden, doch standen sie bis zum Ende des Kurstaates immer im Schatten der kurfürstlichen Hofkapelle. Im Zuge des Zusammenbruchs des Kurstaates und der französischen Okkupation spielte die mehrstimmige Kirchenmusik am Dom im frühen 19. Jahrhundert nur eine sehr bescheidene Rolle. Unter dem Pontifikat Wilhelm Emmanuel von Kettelers schickte das Domkapitel im Jahre 1866 den jungen Kaplan Georg Viktor Weber nach Regensburg, um dort - nach damaliger Meinung

„an der Quelle der Kirchenmusik" - seine musikalischen Kenntnisse zu erweitern, und übertrug ihm anschließend die Neugründung des Domchores. Seit dieser Zeit haben drei weitere Domkapellmeister das Geschick des Chores bestimmt, bevor 1985 der derzeit amtierende Domkapellmeister Mathias Breitschaft die Leitung übernahm. Sie alle standen in enger Beziehung zu Regensburg, sei es durch ihre kirchenmusikalische Ausbildung oder durch die langjährige Zugehörigkeit zu den Regensburger Domspatzen.

Im Oktober 1867 gehörten dem Domchor je sechs Sopranisten und Altisten sowie vier Tenöre und Bässe an. Heute besteht der Chor aus über hundert Knaben und jungen Männern. Die Jungen beginnen im dritten Grundschuljahr mit einem einjährigen Vorbereitungskurs, in dem sie an die musikalischen Grundbegriffe herangeführt werden und erste Erfahrungen beim Singen sammeln. Am Heiligen Abend werden sie dann in den Kreis der aktiven Sänger aufgenommen. Von nun an treffen sie sich dreimal wöchentlich zu Proben, um das umfangreiche Repertoire für Gottesdienste und Konzerte zu erarbeiten (Abb. 101). Im Frühjahr und im Herbst stehen darüber hinaus eine Chorwerkwoche und ein Chorwochenende auf dem Programm, wo neben intensiver Probenarbeit natürlich auch das gemeinsame Spielen nicht zu kurz kommt. Während ihrer gesamten sängerischen „Karriere" erhalten die Knaben einzeln oder in Kleingruppen eine sorgfältige sängerische Ausbildung. Ist es dann mit der Knabenstimme vorbei, müssen sie trotzdem den Chor nicht verlassen. Sie stoßen zur Gruppe der „Exkantoristen", übernehmen Ministrantendienste im Dom, treffen sich zu Gesprächen, Gottesdiensten, Theater- und Konzertbesuchen oder einfach nur zur Freizeitgestaltung, bis ihre Stimme soweit ausgereift ist, daß sie - jetzt bei den Männerstimmen - wieder mitsingen können. Aus den Reihen der Männerstimmen bildet sich auch die Choralschola, die in den Gottesdiensten die gregorianischen Gesänge übernimmt.

Weltreisen im Dienst der Kirchenmusik

Das Aufgabengebiet des Domchores beschränkt sich nicht nur auf die Gottesdienste und Konzerte im Mainzer Dom. Eine attraktive Ergänzung ist die Zusammenarbeit mit namhaften Symphonieorchestern aus ganz Deutschland, mit denen große Meisterwerke des Konzertrepertoires (z.B. Mahler-Symphonien) aufgeführt werden. Einladungen zu Konzertreisen aus dem In- und Ausland führten die jungen Sänger in den letzten Jahren unter anderem nach Frankreich, Italien, Spanien, Rußland, Israel, Brasilien, Kanada und in die USA, wo sie nicht nur ihre Kenntnisse über fremde Länder erweitern, sondern auch Kontakte zu anderen (Knaben-)Chören schließen konnten. Besonders reizvoll und lehrreich sind für die Knaben die Auftritte auf den Opernbühnen der Umgebung. Ob in Mainz, Wiesbaden, Darmstadt oder Frankfurt, wo immer Mozarts *Zauberflöte* in den letzten Jahren auf dem Spielplan stand, waren die „drei Knaben" Mitglieder des Mainzer Domchores. Doch nicht nur in der *Zauberflöte* sind die Mainzer Buben gefragt, auch in Puccinis *La Bohème*, Debussys *Pelléas et Melisande*, Wagners *Tannhäuser*, Brittens *Gloriana* und *Sommernachtstraum* oder Janáceks *Jenufa* haben sie auf der Bühne gesungen und dabei auch einen Einblick bekommen in das Leben auf und hinter der Theaterbühne.

Domkantorei St. Martin und Mädchenchor

Die „Domkantorei St. Martin", ein „normaler" gemischter Chor mit Frauen und Männern (Abb. 105), wurde von Domkapellmeister Mathias Breitschaft im Jahre 1987 gegründet und teilt sich mit dem Domchor den liturgischen Dienst in den Stiftsgottesdiensten, wobei nach stillschweigender Übereinkunft dem Domchor das Recht eingeräumt wird, die meisten

105 Gotteslob gemischter Stimmen: Domkantorei St. Martin mit Domkapellmeister

Pontifikalgottesdienste musikalisch zu gestalten. Die Domkantorei zählt inzwischen über hundert Mitglieder mit einem erfreulich hohen Anteil von jugendlichen Sängerinnen und Sängern. Neben einem breiten Repertoire für die Gottesdienste von der Gregorianik bis zur Gegenwart pflegt auch die Domkantorei die großen orchesterbegleiteten Kirchen- und Oratorienkompositionen innerhalb und außerhalb des Mainzer Domes, zum Teil in Kooperation mit anderen Oratorienchören. Konzertreisen führten die Sängerinnen und Sänger nach Frankreich, Italien, Polen, England und Israel sowie in zahlreiche deutsche Kirchen und Konzertsäle. Zwei Chorwochenenden jährlich erweitern und beleben die wöchentliche Probenarbeit.

Das jüngste Ensemble am Mainzer Dom ist der seit November 1994 bestehende „Mädchenchor am Dom und an St. Quintin". In ihm versammeln sich ca. 35 Mädchen im Alter zwischen acht und sechzehn Jahren zu zwei wöchentlichen Proben. Auch sie singen in den sonntäglichen Stiftsämtern, aber auch in den Gottesdiensten der Dompfarrgemeinde. Die Mitwirkung bei Domkonzerten und Opernauftritten (Puccini: La Bohème) sowie eigene Konzerte in Kirchen in und außerhalb von Mainz ergänzen und beleben den Probenalltag.

Bischofseinzug mit Posaunen und Trompeten

Die „Dombläser", ein Blechbläserquintett, lösten im Jahre 1985 die bis dahin bestehende „Dommusik", ein Bläserensemble in Militärorchesterbesetzung, ab. Sie setzen die Tradition der Bläserintraden aus dem 18. Jahrhundert fort und begleiten in Pontifikalämtern den feierlichen Ein- und Auszug des Bischofs mit festlicher Bläsermusik. Daneben wirken sie bei Domkonzerten und CD-Produktionen mit und sind darüber hinaus auch in eigenen Projekten musikalisch aktiv.

Raumfüllende Orgelklänge

Ein breites und vielseitiges Aufgabenfeld hat der Domorganist, seit 1985 Albert Schönberger, zu bewältigen. Ihm steht eine über den ganzen Dom verteilte Orgelanlage mit insgesamt 113 Registern und 7.928 Pfeifen zur Verfügung. Die Existenz einer Domorgel ist seit dem 14. Jahrhundert bezeugt. Vom 15. und 16. Jahrhundert wissen wir, daß es Orgeln auf dem West- und auf dem Ostlettner gab sowie im Langhaus gegenüber der Kanzel, die

106 *Herr der Register: Domorganist am zentralen Spieltisch*

vielfach erneuert und umgebaut wurden. Die heutige Orgelanlage geht auf die alte Westchororgel der Firma Klais (Bonn) aus dem Jahr 1928 zurück. Da ihre Aufstellung hinter dem Gestühl des Westchores akustisch ungünstig war, wurde sie in einigen Teilen, ergänzt von neuen Registern, durch die Firma Kemper (Lübeck) auf die Südempore und an die Nordwand des Querhauses (Abb. 107) umgesetzt. Hinzu kam ein Orgelneubau in den Arkaden des Ostchores. Die komplizierte Anlage, die heute vor allem vom zentralen Spieltisch auf der Südempore aus bedient wird (Abb. 106), ist mittlerweile stark renovierungsbedürftig, was auch Anlaß zu Überlegungen einer völligen Neukonzeption der Domorgel gibt.

Dem Domorganisten und seinem Stellvertreter obliegt die musikalische Gestaltung unzähliger Sonntags- und Werktagsgottesdienste innerhalb und außerhalb des Stiftsjahres sowie bei besonderen Gelegenheiten. Die feierliche Musik zum Ein- und Auszug, das Begleiten der Kirchenlieder, die Intonation der Gesänge von Zelebrant, Kantor, Chor und Gemeinde sowie die Vermittlung zwischen den einzelnen Gruppen erfordern hohe Aufmerksamkeit und musikalisches Geschick.

Das Repertoire des Domorganisten umfaßt ein weites Spektrum von Orgelmusik vergangener und heutiger Zeit, bereichert durch die Kunst der freien

107 *Pfeiler, Bögen, Orgelpfeifen: Nördliches Querhaus mit Taufbrunnen und Portal zur Gotthard-Kapelle*

Improvisation. Auf die Initiative von Albert Schönberger gehen auch die konzertanten Orgeldarbietungen im Dom zurück. Den Orgelabenden an der großen Domorgel oder im intimen Rahmen der Gotthard-Kapelle mit ihrer 13 Register umfassenden Orgel der Gebrüder Oberlinger (Windesheim) stehen die bei vielen Innenstadtbesuchern beliebten Matineeveranstaltungen zur Marktzeit gegenüber. Viele Orgeldarbietungen sind mit einer Lesung geistlicher Texte verbunden und laden so in besonderer Weise zur Meditation ein.

Wie die übrigen Ensembles kommt auch der Domorganist zahlreichen Konzertverpflichtungen im In- und Ausland nach und wirkt bei Rundfunk-, CD- und Fernsehproduktionen mit. Sowohl Domkapellmeister als auch Domorganist nehmen darüber hinaus Aufgaben in der Ausbildung zukünftiger Kirchenmusiker wahr.

Durch dieses intensive und vielseitige musikalische Leben innerhalb und außerhalb der Gottesdienste ist der Mainzer Dom ein lebendiges Zentrum der Kirchenmusik geworden und übt eine weit über die Grenzen der Stadt reichende Anziehungskraft aus.

Leben im Dom

Viele Stationen und Ideen aus der Baugeschichte unseres über 1000 Jahre alten Domes wurden in diesem Buch dargestellt. Der „Hauptzweck" des Gotteshauses - die Feier der Gottesdienste in all den Jahrhunderten und vor allem heute - ist kenntnisreich beschrieben. Große Namen von Bischöfen, Kurfürsten und Künstlern sind mit dieser Geschichte bis heute verbunden.

Damit der Dom all das sein kann, als Bauwerk und als zentraler Gottesdienstort des Bistums, ist aber auch der unauffällige Dienst vieler Frauen und Männer nötig. Ich denke da an die Frauen, die jede Woche den großen Dom reinigen, an den Dombaumeister und die Arbeiter der Dombauhütte, die vor allem für den laufenden Erhalt des Bauwerks sorgen, daneben aber auch viele andere Arbeiten im Dom verrichten, vom Auflegen der großen Teppiche im Westchor bis hin zum Aufstellen zusätzlicher Stühle.

Zu erwähnen sind außerdem die Frauen, die für die Kirchenwäsche sorgen und zum Beispiel die Knöpfe an der Chorkleidung der Domchorbuben annähen, sowie die Domküster, die ihren Dienst in der Vor- und Nachbereitung der Gottesdienste an den Sonn- und Werktagen und besonders der großen Pontifikalämter leisten. Nicht zu vergessen sind schließlich auch die Ministranten, die Lektorinnen und Lektoren sowie die Helfer und Helferinnen der Domaufsicht, die für Auskünfte zur Verfügung stehen und die Sicherheit im Dom gewährleisten.

Domdekan und Domkapitel, denen die Sorge für den Dom und für die Domgottesdienste anvertraut ist, könnten ohne all diese vielen Helferinnen und Helfer „hinter den Kulissen" ihre Aufgabe nicht erfüllen.

Mit der Aufgabe, die Liturgie im Dom zu feiern, ist für das Domkapitel auch die Gewährleistung von Erhalt und Unterhalt des Domes verbunden. Die Baulast liegt nicht beim Land, sondern beim Dom bzw. dem Domkapitel selbst, wobei das Bistum Mainz bei besonderen Aufgaben Unterstützung gewährt. Die Gehälter etwa der Kirchenmusiker, der Küster und viele andere Sachausgaben werden aus den Mitteln des Domkapitels bestritten. Die Einnahmen aus Mieten und Verpachtungen zum Beispiel der Häuser rings um den Dom sowie Kollekten und Spenden reichen gerade aus, um die für den Dom anfallenden Kosten zu bestreiten. Bis heute gelingt es, aus diesen Einnahmen auch den Chören am Dom einen Zuschuß für die Domkonzerte zu geben, damit jeder ohne die Hürde von Eintrittsgeldern an diesen Konzerten teilnehmen kann. Gerade viele junge Leute und Familien bestätigen diesen Weg. Dankbar sind wir dazu für die freiwilligen Gaben bei den jeweiligen Konzertkollekten.

Viele hundert Menschen feiern Sonntag für Sonntag zusammen mit dem Domkapitel Gottesdienst. Viele Tausende kommen an den hohen Feiertagen zu den großen Pontifikalämtern und bezeugen eindrucksvoll die Gemeinschaft der Glaubenden. Damit so viele Menschen an den Gottesdiensten mit allen Sinnen teilhaben können, ist auch die Technik wichtig; ohne eine gute Tonanlage mit Mikrophonen und Lautverstärkern wären solche großen Feiern heute kaum denkbar.

Es ist gut, wenn die vielen Touristen, die im Rahmen von Stadtbesichtigungen und aus besonderem Interesse in das Gotteshaus kommen, auch die tiefere Einladung des Gotteshauses spüren: zur Stille, zum nachdenklichen Betrachten, zum Ruhigwerden inmitten der Hetze eines Tages, zum Gebet und zur Mitfeier der Gottesdienste.

Viele interessieren sich für unseren Dom, unterstützen in vielfältiger Weise seine Aufgaben und sorgen für ihn: Ihnen allen gilt unser herzlicher Dank. Der Dom St. Martin, die Bischofskirche des Bistums Mainz, möge auch weiterhin Zeichen der Gemeinschaft der Glaubenden sein und mit seiner eindrucksvollen Architektur, seiner kostbaren Ausgestaltung, seinem liturgischen und musikalischen Leben vielen Menschen helfen, den christlichen Glauben tiefer zu entdecken und zu leben.

+ Wolfgang Rolly

Domdekan Weihbischof Wolfgang Rolly

Anhang

Kleines Glossar

A

Albe: Weißes liturgisches Untergewand der Geistlichen
Alumne: Kandidat für das Priesteramt
Ambo: Erhöhtes Pult für gottesdienstliche Lesungen
Anniversarium: Jahrestag zum Gedächtnis eines bestimmten Ereignisses
Apotheose: Verherrlichung, Vergöttlichung
Apsis: Halbkreisförmiger, mit einer Halbkuppel überwölbter Raum; halbrunde Altarnische als Abschluß eines Kirchenraums
Archivolte: Bogenlauf in romanischen und gotischen Portalen
Arkade; Arkatur: Von zwei Pfeilern oder Säulen getragener Bogen; Bogenreihe bzw. nach einer Seite hin offener Bogengang
Atlant: Nach dem Riesen Atlas griechischer Sagen benannte Säulenfigur, die ein Gebälk trägt
Atrium: offener Säulenvorhof (bei Kirchen auch Paradies genannt)

B

Base, Basis: In der Architektur der ausladende Fuß einer Säule oder eines Pfleilers
Basilisk: Fabeltier mit todbringendem Blick
Blendbögen, Blendarkatur: Bögen, die auf eine geschlossene Wand aufgesetzt, daher „blind" sind und der Wandgliederung dienen
Bulle: Mittelalterliche Urkunde bzw. feierlicher päpstlicher Erlaß

C

Cathedra: Thronsitz von Bischof oder Papst in einer Kathedrale
Chronos: Antiker Gott der Zeit

D

Deesis: Darstellung des thronenden Christus zwischen den Fürbittern Maria und Johannes
Dignität: Amtswürde eines höheren Geistlichen
Domicellar: Junger Chorherr, der noch keinen Sitz und keine Stimme in der Körperschaft (Kapitel) eines Domes hat
Doppel- bzw. Drillingsblende: Zwei bzw. drei vor eine Mauer gesetzte Bögen, die durch einen übergreifenden Bogen zusammengefaßt werden
Draperie: Kunstvoller Faltenwurf

E

Epitaph: Gedenktafel für einen Verstorbenen

F

Fiale: Schlankes, spitzes Türmchen, das als Bekrönung von Strebepfeilern dient

G

Gewände: Fenster- oder Portalrahmung in der Mauerstärke

J

Joch: Einzelnes Gewölbefeld zwischen begrenzenden Bögen

K

Kämpfer: Zone, an der die Krümmung eines Gewölbes oder Bogens beginnt
Kapitell: Oberer Abschluß einer Säule oder eines Pfeilers
Katechumene: (Erwachsener) Taufbewerber im Stadium der Vorbereitung
Kentaur (Zentaur): Fabelwesen mit menschlichem Oberkörper und Pferdeleib
Komplet: Nachtgebet der Kirche, Teil des Stundengebets bzw. Breviers
Kompositkapitell: Säulenabschluß, der aus einer Mischung von ionischen und korinthischen Kapitellen entsteht
Konche („Muschel"): siehe „Apsis"
Kontrapost: Ausgleich in der Darstellung eines stehenden menschlichen Körpers zwischen belastetem und entlastetem Bein
Kreuzgratgewölbe: Kreuzförmiges Gewölbe, Durchdringung von Tonnengewölben ohne verstärkende Rippen

L

Lambrequin: Im Barock übliche Nachbildung eines Vorhangs zum Beispiel als Zierde von Gebäudeteilen
Laudes: Morgengebet der Kirche, Teil des Stundengebets bzw. Breviers
Lettner: Wand, die den Chorraum einer Kirche gegenüber dem Kirchenschiff abtrennt

M

Memento mori: Lateinischer Gebetsanfang „Gedenke des Todes!"; Gegenstand, der an den Tod gemahnt
Memorie: Im Mainzer Dom ein Raum mit Gedenktafeln und -altären für verstorbene Mitglieder des Domkapitels
Missale: Meßbuch, Zusammenstellung aller Texte für die Feier der hl. Messe

O

Obergaden: Oberer Wandteil des Mittelschiffs, in den die Hochfenster eingelassen sind

P

Pallium: Weißer Schal mit aufgestickten schwarzen Kreuzen, Amtszeichen in der gottesdienstlichen Kleidung von Papst und Erzbischöfen
Pfalz: Mittelalterlicher Amtssitz von Kaisern, Königen oder Bischöfen
Pilaster: Flacher Wandpfeiler
Pontifikale: Liturgisches Buch für die bischöflichen Amtshandlungen
Postille: Sammlung von Predigten, Erbauungsbuch
Präbende (Pfründe): Einkommen eines Geistlichen (Präbendar) aus dem Vermögen eines Stiftes oder der Leihe von Gütern
Proprium („das Eigentümliche"): Liturgische Texte oder Gesänge für den jeweiligen (Fest-)Tag sowie die besonderen (Heiligen-)Feste eines Bistums oder Ordens
Putto: Figur eines Kinderengels

R

Retabel: Künstlerisch gestalteter Altaraufsatz, meistens eine Bildtafel
Rituale: Liturgisches Buch mit Texten und Anweisungen für die Spendung von Sakramenten, für Weihehandlungen, Segnungen, Prozessionen etc.

S

Sakramentar: Alte liturgische Buchform mit Texten für die Feier der Eucharistie (Messe) und anderer besonderer Feiern

Schildbogen: Bogen am Wandanschluß eines Gewölbes
Sporn: Strebepfeiler
Suffraganbistum: Bistum, das als Teil einer Kirchenprovinz einem Erzbistum zugeordnet und unterstellt ist

T

Terz: Mittagsgebet der Kirche, Teil des Stundengebets bzw. Breviers
Trikonchos: Anlage mit drei kleeblattförmig angeordneten Konchen bzw. Apsiden
Tumbe: Rechteckiges Grabdenkmal mit Grabplatte, auf der oft die Figur des Toten dargestellt ist
Tympanon: Bogenfeld über Portal, Tür oder Fenster, das oft mit einem Relief geschmückt ist

U

Ultramontanismus („ultra montes" = jenseits der Berge): im 19. Jahrhundert kirchenpolitischer Kampfbegriff, der eine stark konservative, extrem an Rom orientierte Haltung treffen sollte

V

Verkröpfung: Vorgezogenes Gesims über einem vorstehenden Bauteil
Vesper: Abendgebet der Kirche, Teil des Stundengebets bzw. Breviers
Vierung: Meist quadratischer Raumteil einer Kirche, in dem sich Langhaus und Querhaus kreuzen

W

Wimperg: Giebelartige Bekrönung gotischer Portale und Fenster

Ausgewählte Veröffentlichungen zum Mainzer Dom

Ausführliche Gesamtbibliographie (bis 1986)

Regina Elisabeth Schwerdtfeger, Der Dom zu Mainz. Eine bibliographische Handreichung, in: Friedhelm Jürgensmeier (Hrsg.), Die Bischofskirche St. Martin zu Mainz (= Beiträge zur Mainzer Kirchengeschichte Bd. 1), Frankfurt 1986

Geschichte des Bistums Mainz

Heinrich Schrohe, Mainz in seinen Beziehungen zu den deutschen Königen und Erzbischöfen der Stadt bis zum Untergang der Stadtfreiheit (1462) (= Beiträge zur Geschichte der Stadt Mainz Bd. 4), Mainz 1915

Friedhelm Jürgensmeier, Das Bistum Mainz. Von der Römerzeit bis zum II. Vatikanischen Konzil (= Beiträge zur Mainzer Kirchengeschichte Bd.2), Frankfurt [2]1989

Helmut Hinkel (Hrsg.), 1000 Jahre St. Stephan in Mainz (= Quellen und Abhandlungen zur mittelrheinischen Kirchengeschichte Bd. 63), Mainz 1990

Michael Hollmann, Das Mainzer Domkapitel im späten Mittelalter (1306-1476) (= Beiträge zur mittelrheinischen Kirchengeschichte Bd. 64), Mainz 1990

Kirche auf dem Weg: Das Bistum Mainz, Heft 1 - 5, Straßburg 1991-1995

Ernst Dassmann, Die Anfänge der Kirche in Deutschland: von der Spätantike bis zur frühfränkischen Zeit, Stuttgart/Berlin/Köln 1993

Friedhelm Jürgensmeier (Hrsg.), Weihbischöfe und Stifte. Beiträge zu reichskirchlichen Funktionsträgern der Frühen Neuzeit (= Beiträge zur Mainzer Kirchengeschichte Bd. 4), Frankfurt 1995

Reinhard Schmid, Die Abtei St. Alban vor Mainz im hohen und späten Mittelalter (= Beiträge zur Geschichte der Stadt Mainz Bd. 30), Mainz 1996

Friedhelm Jürgensmeier (Hrsg.), Handbuch der Mainzer Kirchengeschichte Bd. 2: Günter Christ / Georg May, Erzstift und Erzbistum Mainz. Territoriale und kirchliche Strukturen, Würzburg 1997 (weitere Bände in Vorbereitung)

Architektur und Ausstattung des Mainzer Doms

Rudolf Kautzsch/Ernst Neeb, Der Dom zu Mainz (= Die Kunstdenkmäler der Stadt und des Kreises Mainz Bd. II: Die kirchlichen Kunstdenkmäler der Stadt Mainz, Teil I), Darmstadt 1919

August Schuchert/Wilhelm Jung, Der Dom zu Mainz, Mainz 1972 (und öfter)

Anton Ph. Brück (Hrsg.), Willigis und sein Dom. Festschrift zur Jahrtausendfeier des Mainzer Doms 975-1975 (= Quellen und Abhandlungen zur mittelrheinischen Kirchengeschichte Bd. 25), Mainz 1975

Wilhelm Jung (Hrsg.), 1000 Jahre Mainzer Dom (975-1975). Werden und Wandel. Ausstellungskatalog und Handbuch, Mainz 1975

Fritz Arens, Der Dom zu Mainz, Darmstadt 1982, Neuauflage 1998

Friedhelm Jürgensmeier (Hrsg.), Die Bischofskirche St. Martin zu Mainz (= Beiträge zur Mainzer Kirchengeschichte Bd. 1), Frankfurt 1986

Dethard von Winterfeld, Das Langhaus des Mainzer Domes, in: vgl. vorangehenden Titel, S. 21-32

Wolf Goeltzer, Der „Fall Hans Backoffen". Studien zur Bildnerei in Mainz und am Mittelrhein am Ausgang des Spätmittelalters, in: Mainzer Zeitschrift 84/85 (1989/90), S. 1-78; 86 (1991), S. 1-62

Norbert Suhr, Philipp Veit (1793-1877). Leben und Werk eines Nazareners, Weingarten 1990

Ernst Gierlich, Die Grabstätten der rheinischen Bischöfe vor 1200 (= Beiträge zur mittelrheinischen Kirchengeschichte Bd. 65), Mainz 1990

Anton Ph. Brück/Richard Weiland, Der goldene Schrein im Dom zu Mainz, Mainz 1991

Dethard von Winterfeld, Die Kaiserdome Speyer, Mainz, Worms und ihr romanisches Umland, Würzburg 1993

Verena Kessel, Memorialfunktionen Mainzer Erzbischofsgrabmäler von 1249 bis 1434, in: Kunst in Hessen und am Mittelrhein 34 (1995), S. 13-39

Verena Kessel, Sepulkralpolitik. Die Krönungssteine im Mainzer Dom und die Auseinandersetzung um die Führungsposition im Reich, in: Peter Klaus Hartmann (Hrsg.), Der Mainzer Kurfürst als Reichserzkanzler, Stuttgart 1997, S. 9-34

Dethard von Winterfeld, Die Gotthard-Kapelle im Mainzer Dom, in: D. Christmann u.a. (Hrsg.), Rücksicht. Festschrift für H.-J. Imiela, Mainz 1998, S. 17-31

Nicole Bayer, Johann Jakob Frölicher (= Quellen und Abhandlungen zur mittelrheinischen Kirchengeschichte Bd. 92), Mainz 1999

Dom- und Bistumspatron hl. Martin

Hermann Reifenberg, Martinus-Verehrung im Erzbistum Mainz. Liturgische Feier des Festes in der Kathedrale in einer Hochphase der Entwicklung um 1500, in: Archiv für Liturgiewissenschaft 24 (1982), S. 47-57

Fritz Arens, St. Martin, der Mainzer Dom und das Erzstift, in: Neues Jahrbuch für das Bistum Mainz 1982, Mainz 1983, S. 9-51

Werner Groß/Wolfgang Urban (Hrsg.), Martin von Tours. Ein Heiliger Europas, Ostfildern 1997

Mainzer Liturgiegeschichte und ihr Umfeld

Hermann Reifenberg, Messe und Missalien im Bistum Mainz. Seit dem Zeitalter der Gotik, Münster 1960

Hermann Reifenberg, Stundengebet und Breviere im Bistum Mainz. Seit der Romanischen Epoche, Münster 1964

Hermann Reifenberg, Sakramente, Sakramentalien und Ritualien im Bistum Mainz. Seit dem Spätmittelalter, 2 Bde. Münster 1971/1972

Hermann A. J. Wegman, Liturgie in der Geschichte des Christentums, Regensburg 1994

Arnold Angenendt, Geschichte der Religiosität im Mittelalter, Darmstadt 1997

Michael Kunzler, Die Liturgie der Kirche (= Amateca Bd. 10), Paderborn 1995

Sirka Heyne, Studien zur Mainzer und Fuldaer Liturgiegeschichte (= Beiträge zur mittelrheinischen Kirchengeschichte Bd. 73), Mainz 1996

Mainz und der Mainzer Dom in der Dichtung

Diethard H. Klein/Heike Rosbach (Hrsg.), Mainz. Ein Lesebuch, Husum 1987

Jens Frederiksen (Hrsg.), Mainz. Lesebuch, Frankfurt 1992

Jens Frederiksen (Hrsg.), Mainz. Ein literarisches Porträt, Frankfurt/Leipzig 1998

Musik im Mainzer Dom

Adam Gottron, Tausend Jahre Musik in Mainz, Berlin 1941

Albert Schönberger/Erich Breitmann/Achim Seip, Die Orgeln des Mainzer Doms, in: Neues Jahrbuch für das Bistum Mainz 1984, Sonderdruck Mainz 1985, [2]1987

Musik im Mainzer Dom auf Tonträgern

Domchöre

Heilige Nacht. Advents- und Weihnachtsmusik aus dem Hohen Dom zu Mainz. Mainzer Domchor, Mainzer Dombläser, Domglocken; an der Domorgel Albert Schönberger, Leitung: Mathias Breitschaft, 1997, CD WERGO Schallplatten GmbH Mainz, WER 4009-50

Cantate Domino. Chor- und Bläsermusik aus dem Hohen Dom zu Mainz. Mainzer Domchor, Domkantorei St. Martin, Mainzer Dombläser, Leitung: Mathias Breitschaft, 1990, CD + MC WERGO Schallplatten GmbH Mainz, WER 4010-2

Jubilate Deo. Fünf Jahrhunderte Chormusik durchs Kirchenjahr aus dem Hohen Dom zu Mainz, Mainzer Domchor, Leitung: Mathias Breitschaft, 1994

Wilhelm Petersen: Große Messe. Live-Mitschnitt, Domkantorei St. Martin, Mainzer Domorchester, Albert Schönberger (Domorgel), Leitung: Mathias Breitschaft, 1990, CD WERGO Schallplatten GmbH Mainz, WER 6213-2

Volker David Kirchner: Missa Moguntina Welt-Uraufführung, Live-Mitschnitt, Mainzer Domchor, Domkantorei St. Martin, Mainzer Domorchester, Albert Schönberger (Domorgel), CD WERGO GmbH Mainz, WER 6262-2

Zeugnis der Hoffnung: Die Musica Sacra am Hohen Dom zu Mainz. Chor-, Bläser- und Orgelmusik von der Gregorianik bis zur Gegenwart. Mit dem Mainzer Domchor, der Choralschola des Mainzer Domchores und der Domkantorei St. Martin Mainz (Leitung: Mathias Breitschaft) sowie dem Mädchenchor am Dom und St. Quintin (Leitung: Christoph Klemm), den Mainzer Dombläsern und Domorganist Albert Schönberger an der Domorgel, CD 1998

Domorgeln

Bläser- und Orgelmusik aus dem Hohen Dom zu Mainz. Mainzer Dombläser, Albert Schönberger an der Domorgel, CD 1993

Musik im Mainzer Dom. Heitere und galante Orgelmusik des Barock und Rokoko und freie Improvisation. Albert Schönberger an der Oberlinger-Orgel der St. Gotthard-Kapelle, CD organo phon 1993

Weihnachtliche Orgelklänge aus dem Hohen Dom zu Mainz. Albert Schönberger spielt eigene weihnachtliche Improvisationen und pastorale Orgelmusik von J.S.Bach, M. Reger, Chr. Heinr. Rinck, L.-J.-A. Lefébure-Wély, Moritz Brosig, CD organo phon 1995

Musikalische Kostbarkeiten aus dem Hohen Dom zu Mainz. Die Orgel auf dem Weg durch die Zeit. An den Orgeln: Albert Schönberger, Texte: Dr. Michael Albus, CD organo phon 1998

Gottesdienste und Führungen im Mainzer Dom

Gottesdienste an Werktagen (Gotthard-Kapelle): 7.00 Uhr, 8.15 Uhr
Gottesdienste an Sonn- und Feiertagen: 7.00 Uhr, 8.00 Uhr, 10.00 Uhr (Hochamt), 11.30 Uhr
Vespergottesdienste an Sonn- und Feiertagen während des Stiftsjahres von Oktober bis Juli: 15.00 Uhr
Tägliche Gebetszeiten (außer an Sonn- und Feiertagen): 16.45 Uhr

Auskünfte zu den besonderen Gottesdienstzeiten an hohen Fest- und Feiertagen (zum Beispiel an Weihnachten und in der Karwoche) erteilt das Dompfarramt (55116 Mainz, Domstraße 10, Tel. 06131 / 25 34 13).

Öffnungszeiten des Domes für Besichtigungen (außerhalb der Gottesdienste):

1. März bis 31. Oktober	Montag bis Freitag:	9.00 bis 18.30 Uhr
	Samstag:	9.00 bis 16.00 Uhr
	Sonntag:	13.00 bis 14.30 Uhr
		16.00 bis 18.30 Uhr
1. November bis 28. Februar	Montag bis Freitag:	9.00 bis 17.00 Uhr
	Samstag:	9.00 bis 16.00 Uhr
	Sonntag:	13.00 bis 14.30 Uhr
		16.00 bis 17.00 Uhr

Auskünfte zu **Konzerten im Dom und Domführungen** erteilen die Dominformation (Markt 10, 55116 Mainz, Tel. 06131 / 25 34 12), das Bischöfliche Dom- und Diözesanmuseum (Tel. 06131 / 25 33 44) sowie die Touristik Centrale Mainz (Im Brückenturm am Rathaus, 55116 Mainz, Tel. 06131 / 28 62 10)
Das **Bischöfliche Dom- und Diözesanmuseum** (55116 Mainz, Domstr. 3) ist gewöhnlich von Montag bis Freitag zwischen 10.00 und 16.00 Uhr (Donnerstag bis 17.00 Uhr) und am Samstag zwischen 10.00 bis 14.00 Uhr geöffnet.
Genauere Auskünfte über Veränderungen der Öffnungszeiten im Winter- und Sommerhalbjahr und während der Ferien sowie über erweiterte Öffnungszeiten bei besonderen Ausstellungen erteilt das Museum (Tel. 06131 / 25 33 44).
Die **Bibliothek des Bischöflichen Priesterseminars** (Grebenstraße 8) ist für den Publikumsverkehr von Montag bis Freitag von 9.00 bis 12.30 und von 13.30 bis 17.00 Uhr geöffnet.
Informationen über das Bistum Mainz sind erhältlich bei der Öffentlichkeitsarbeit des Bischöflichen Ordinariats (Bischofsplatz 2 / Heiliggrabgasse 8, 55116 Mainz, Tel. 06131 / 25 31 34).
Online-Informationen über Dom und Bistum Mainz: http://www.kath.de/bistum/mainz
Online-Informationen über Dom und Stadt Mainz: http://www.info-mainz.de

Zu den Abbildungen

Titelbild: St. Martin auf dem Dachsattel des Domwestbaus
Rückseite: Vgl. Abb. S. 8/9, 56/57, 96/97
Innenseite des Einbands: Mainzer Stadtansicht mit Dom im 19. Jahrhundert, Stahlstich, Bischöfliches Dom- und Diözesanmuseum Mainz
Grundriß des Mainzer Domes im Anhang: © Dombauamt, Mainz
S. 4-7: Domansicht über den Rhein hinweg von der Theodor-Heuss-Brücke, Markt auf den Domplätzen (Blick vom Westturm), Dom mitten im Rosenmontagstreiben, junge Leute mit Domblick von Nordwesten, Domansicht vom Leichhof, Osttürme des Domes mit Riesenrad, Mädchen vor der Fronleichnamsprozession auf den Domplätzen
S. 8/9: Abendlicher Blick über die Mainzer Innenstadt von Südwesten aus
Abb. 10: Bischofsfigur im Chorgestühl des Westchores
S. 30/31: Romanischer Arkadenumgang der Ostapsis
Abb. 24: Lombardisches Kapitell im Arkadenumgang der Ostapsis
S. 56/57: Blick durch die Südempore ins südliche Querhaus mit den Grabdenkmälern des Kurfürsten Friedrich Karl von Ostein († 1763), des Dompropstes Karl Emmerich Franz von Breidbach-Bürresheim († 1743) und des Dompropstes und Bischofs von Worms Georg von Schönenburg († 1595)
Abb. 50: Kopf eines Atlanten im Chorgestühl des Westchores
S. 84/85: Gruppe der Seligen aus dem Westlettner des Naumburger Meisters
Abb. 75: Kopf des „unschuldigen Kindes", Detail aus dem Westlettner
S. 96/97: Sakramentale Anbetung bei einer Vesper des Domkapitels im Ostchor
Abb. 85: Engel mit Weihrauchfaß, Detail aus dem Marienstab Bischof von Kettelers
S. 112/113: Domchor mit Domkapellmeister
Abb. 99: Kapitell mit Engel (neuromanisch), nördliches Innenfenster der Ostkrypta
S. 124-127: Am Regelpult der Beschallungsanlage, Steinmetz des Dombauamts im Kreuzgang, Küster an der Beleuchtungstafel, Dombaumeister bei einer Inspektion des Ostturms, Blick in die Sakristei, Küster bei der Vorbereitung einer Eucharistiefeier sowie beim Polieren eines Weihrauchgefäßes, Floristin bei der Gestaltung des Blumenschmucks
S. 139: Mainzer Domschweizer

Die Abbildungen 103 und 104 zeigen die Domkantorei bei einem gemeinsamen Konzert mit dem Staatsorchester Rheinische Philharmonie Koblenz im Mainzer Dom (mit freundlicher Abdruckgenehmigung des Staatsorchesters).

Nachweis der Abbildungen:

Renate Gruber, Darmstadt:
22, 36, 56, 65, 99, 107
Magrit Hankel, Bodenheim:
11, 15, 19, 26, 33, 37, 43, 44, 51, 53-55, 57-60, 62-64, 66-68, 70,71
Alberto Luisa, Brescia:
74-81
Barbara Nichtweiß, Mainz:
Titelbild, 1-10, 12-14, 16-18, 20, 21, 23-25, 27-32, 34, 35, 38-42, 45-50, 52, 61, 69, 72,73, 82-98, 100-106, 108-110, 112-116
Harald Oppitz, KNA-Bild, Frankfurt:
111 (S. 125)

Die Autorinnen und Autoren

Dr. theol. habil. Rolf Decot, Mainz
Professor für Kirchengeschichte an der Philosophisch-Theologischen Hochschule St. Augustin sowie Mitarbeiter am Institut für Europäische Geschichte Mainz

Dr. phil. Verena Kessel, Bonn/Mainz
Kunsthistorikerin

Dr. phil. Hans-Jürgen Kotzur, Mainz
Diözesankonservator, Leiter des Bischöflichen Dom- und Diözesanmuseums Mainz

Dr. phil. Gabriela Krombach, Mainz
Wissenschaftliche Mitarbeiterin am Fachbereich Musik der Universität Mainz

Dr. theol. Dr. phil. Karl Lehmann, Mainz
Bischof von Mainz und Vorsitzender der Deutschen Bischofskonferenz

Dr. theol. Barbara Nichtweiß, Mainz
Leiterin der Abteilung Öffentlichkeitsarbeit im Bischöflichen Ordinariat Mainz

Dr. theol. habil. Hermann Reifenberg, Mainz
Professor für Liturgiewissenschaft an der Universität Bamberg

Wolfgang Rolly, Mainz
Weihbischof, Domdekan und Domkustos

Dr. phil. habil. Dethard von Winterfeld, Mainz
Professor für Kunstgeschichte an der Universität Mainz

Zu diesem Buch

In der Kürze liegt bekanntlich die Würze, doch das ist oft leichter gesagt als getan. Wer einmal begonnen hat, sich intensiver mit der vielfältigen Geschichte und dem reichen Leben des Mainzer Domes zu beschäftigen, kommt so schnell an kein Ende. Niemand weiß das besser als die Autoren und Autorinnen dieses Buches, die sich jahre-, zum Teil jahrzehntelang mit dem mächtigen Bauwerk und seinen Aufgaben beschäftigt haben. Umso dankbarer sind wir ihnen, daß sie die Aufgabe übernommen haben, für dieses Buch die Fülle ihrer Kenntnisse in kurzen, übersichtlichen Beiträgen zusammenzufassen.

Bei solchen kompakten Darstellungen kann auf Fachbegriffe nicht ganz verzichtet werden. Vielfach erklärt sich ihr Sinn gewiß schon mit einem Blick auf die nebenstehenden Abbildungen; manche Ausdrücke sind auch in den Texten selbst erläutert. Als weitere Hilfestellung ist diesem Buch jedoch auch noch ein kleines Glossar angefügt, in dem die wichtigsten Fachbegriffe in der hier verwendeten Bedeutung kurz erklärt werden.

Wer forscht, steht mit seinen eigenen Arbeiten zugleich auch im Zusammenhang vieler Vorarbeiten und neuer Erkenntnisse anderer Wissenschaftler. Anstelle von Anmerkungen und Fußnoten bei den einzelnen Beiträgen ist diesem Buch darum eine kleine Auswahl von Standardliteratur und ganz aktuellen weiterführenden Studien zum Mainzer Dom beigefügt, die den besonders interessierten Lesern Anleitung zum genaueren Nachfragen geben können.

Das vorliegende Buch ist kein Kirchenführer im engeren Sinne, sondern richtet sich vor allem an Freunde und Besucher des Domes, die in stillen Minuten ihre Eindrücke von einer Besichtigung oder einem Gottesdienstbesuch noch einmal nachklingen lassen und vertiefen möchten. Wer nach dieser Lektüre die Kunstschätze im Dom jedoch noch einmal persönlich in Augenschein nehmen möchte, kann ihren genauen Standort mit Hilfe des Grundrisses auf den letzten Seiten des Buches finden. Die hier eingetragenen Ziffern beziehen sich auf die Beschreibungen der Grabdenkmäler und Altäre im Beitrag über die Innenausstattung im Dom. Es handelt sich dabei bewußt nicht um eine erschöpfende Darstellung der gesamten Domausstattung. Vielmehr will der Beitrag helfen, anhand ausgewählter Kunstwerke tiefer in das Stilempfinden und die Frömmigkeit der verschiedenen Epochen einzudringen.

Am Ende ist allen ganz herzlich zu danken, die am Zustandekommen dieses Buches mitgewirkt haben, nicht zuletzt auch all jenen, die zwar nicht namentlich genannt, aber doch mit unzähligen Hilfestellungen und Hinweisen zu seiner Abrundung und zu seinem Gelingen beigetragen haben.

Dr. Barbara Nichtweiß

Dom St. Martin zu Mainz

Orientierungsplan

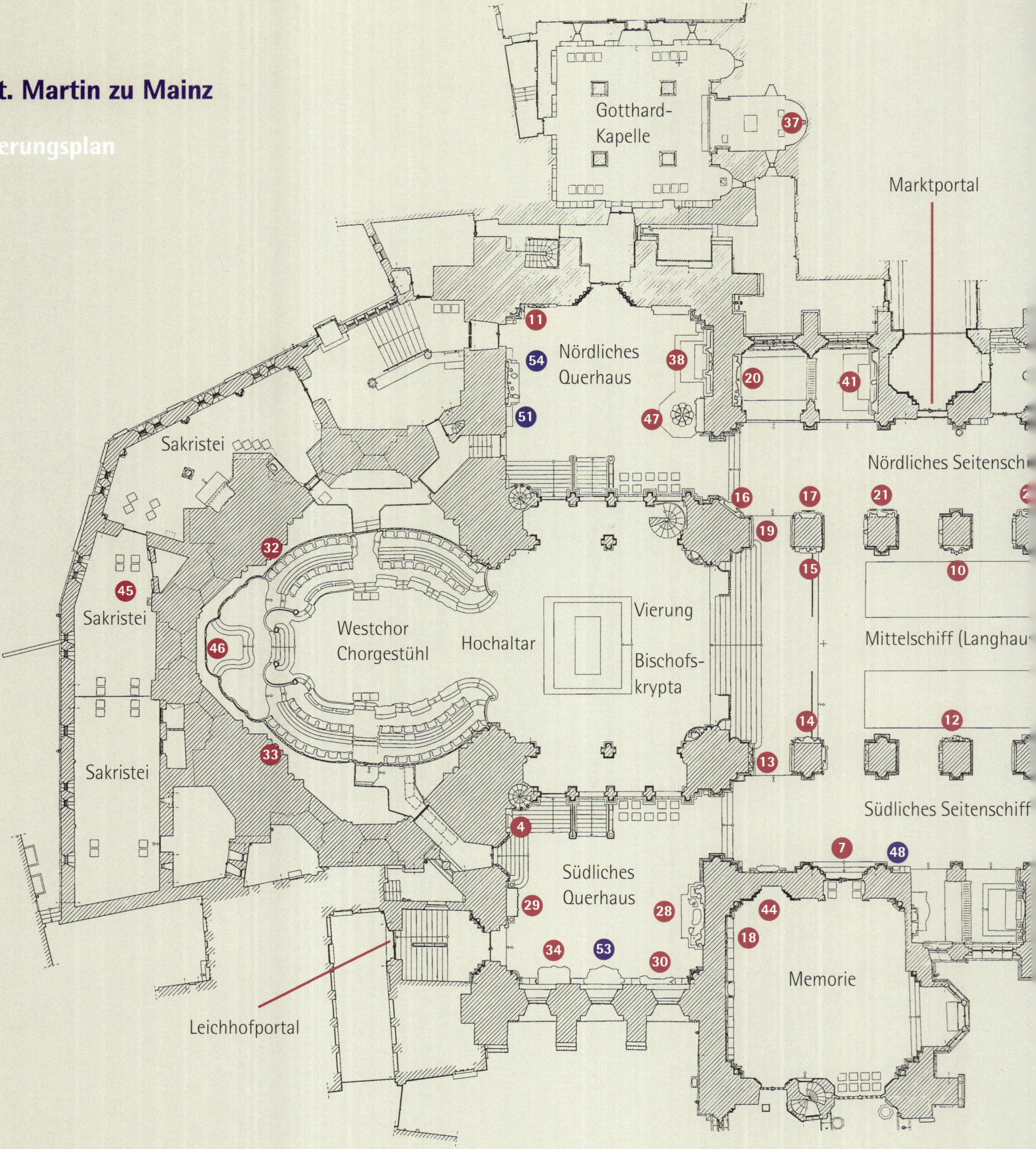

1-47: Standort der in diesem Buch S. 56-83 besprochenen Kunstwerke

48-57: Standort anderer (im Buch erwähnter) Kunstwerke
48 Grabplatte der Fastrada († 794, um 1500)
49 Grabdenkmal für Bonifatius († 754, von 1357)
50 Kanzel (spätgotisch, 1834 erneuert)
51 Wächterstube (1572/73)
52 Brendelsches Chorgestühl von Gerhard Wolff (2. Hälfte des 16. Jahrhunderts)
53 Grabdenkmal für Kurfürst Johann Friedrich Karl von Ostein († 1763)
54 Grabdenkmal der Familie von der Gablentz (1592)
55 Fürstenberger Altar (um 1620)
56 Saulheimer Altar (1652-1668)
57 Riedtscher Altar (1622)

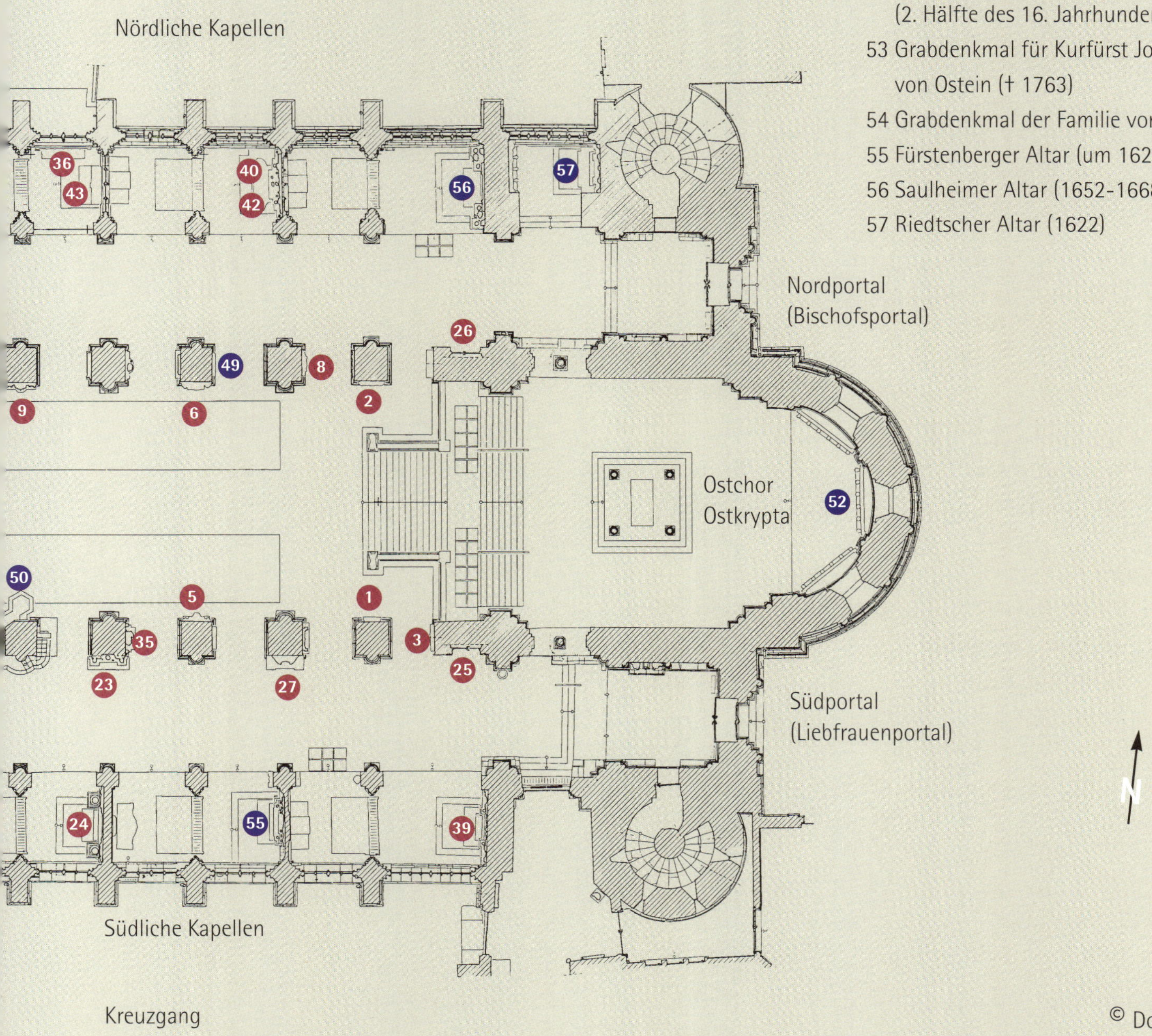

Die Deutsche Bibliothek – CIP-Einheitsaufnahme

Lebendiger Dom: St. Martin zu Mainz in Geschichte und Gegenwart / Barbara Nichtweiß. – Mainz: von Zabern, 1998
ISBN 3-8053-2508-8

ISBN 3-8053-2508-8 (Gebunden mit Schutzumschlag)
ISBN 3-8053-2511-8 (Broschur)

Gesamtkonzeption: Öffentlichkeitsarbeit Bistum Mainz
Gestaltung und Satz: K* Design, Harun Kloppe, Mainz
Lithos: Fa. Schoell, Mainz
Druck und Herstellung: Georg August Walter's Druckerei, Eltville